Georg Theodor Strobel

Von Melanchthons Ruf nach Frankreich und seinem dahin geschickten Religionsbedenken vom Jahr 1535

Ein Beitrag zu den Schicksalen der Evangelischen in Frankreich

Georg Theodor Strobel

Von Melanchthons Ruf nach Frankreich und seinem dahin geschickten Religionsbedenken vom Jahr 1535
Ein Beitrag zu den Schicksalen der Evangelischen in Frankreich

ISBN/EAN: 9783742897176

Hergestellt in Europa, USA, Kanada, Australien, Japan

Cover: Foto ©ninafisch / pixelio.de

Manufactured and distributed by brebook publishing software
(www.brebook.com)

Georg Theodor Strobel

Von Melanchthons Ruf nach Frankreich und seinem dahin geschickten Religionsbedenken vom Jahr 1535

Obwol von dem merkwürdigen Ruf Melanchthons nach Frankreich und von der schweren Verfolgung, die damals die Evangelischen in diesem Reiche betroffen, hin und
wieder einige Nachricht zu finden ist, so glaubte ich doch, daß es der Mühe wol werth
wäre, wenn ich eine eigene, zusammenhän-
gende, vollständigere, und aus den besten

A 2   Quellen

Quellen selbst gezogene Nachricht den Freun-
den der Reformationsgeschichte liefern würde.

Zu diesem Ende habe ich allen Fleiß an-
gewendet, alles hieher gehörige aus vielen,
zum Theil seltenen Schriften, besonders aus
den Briefen Melanchthons, aufzusuchen, und
zu mehrerer Erläuterung selbst die wichtigsten
Urkunden, nicht blos in einem magern Auszug, sondern ganz und vollständig abdrucken
lassen.

Vielleicht liest man auch jetzt diese Abhand-
lung mit stärkern und wärmern Antheil, weil
man daraus siehet, daß dies Volk vor andern
allemal mehr blutdürstig gewesen, und in politischen - und in Religions-Kriegen von ie-
her wenig Menschengefühl gezeigt habe.

Die

Die Veranlaſſung, daß Melanchthon im Jahr 1535. nach Frankreich geruffen wurde, gab eine ſchwere Verfolgung, die zu Anfang dieſes Jahrs über einige der Evangeliſchen Lehre anhängige daſelbſt ausgebrochen iſt. Denn auch in dieß groſſe Reich drang die verbeſſerte Lehre ſehr frühzeitig ein.*) Allein auſſer denen, welche ſolche aus lautern

---

*) Von den Schickſalen der Evangeliſchen Lehre in Frankreich haben wir zwar verſchiedene Nachrichten, als Bezä Hiſt. Ecclef. des Eglifes Reform. en royaume de France; Commentarii de ſtatu relig. et reip. in regno Galliae; Rambach in der Ueberſetzung der Geſchichte der Proteſtanten in Frankreich, u. a. Allein dieſe Werke ſind mehr polemiſch als hiſtoriſch; und zu mager in der frühern Geſchichte. Am brauchbarſten ſind noch Salig im zweiten Band ſeiner Geſchichte der Augſp. Conf. S. 190—316. und Gerdes im vierten Tomo ſeiner Hiſt. Reform. p. 1—171.

A 3

tern Abſichten angenommen, gab es auch manche
unruhige Köpfe, deren unvernünftiger und fanati=
ſcher Eifer keine Schranken kannte, und die daher
durch Mangel an Klugheit und Mäſſigung den Fort=
gang der Reformation ſelbſt am meiſten hinderten,
und durch ihr ungeſtümmes und tumultuariſches
Verfahren der guten Sache den gröſten Nachtheil,
und ſich ſelbſt einen martervollen Tod zuzogen.

Es war dieſen Leuten unerträglich, daß ſie,
bey allen Gelegenheiten bedrängt, keine Erlaub=
nis zur öffentlichen Verrichtung ihres Gottes=
dienſtes erhalten konnten. Allein anſtatt Gott für
ihre beſſere Erkenntnis der Warheit zu danken,
und dieß Glück in der Stille und ruhig zu genie=
ſen, fiengen einige an, die öffentliche Landesreli=
gion und ihre Diener auf alle Weiſe lächerlich
zu machen, und mit den in den Augen der
Katholicken ſo heilig und ehrwürdig ſcheinenden
Kirchengebräuchen, beſonders mit der Meſſe, ihr
Geſpötte zu treiben.

Sie giengen endlich in ihrer Verblendung
ſo weit, daß ſie einige ſatyriſche Schmähſchriften *)

in

*) Bulæus in Hiſt. Vniuerſ. Pariſ. T. VI. p. 248
ſagt, daß dieſer Schriften vier geweſen wären:
Dic

in der Schweiß drucken liefen, und solche in Frankreich überall ausstreueten. Ja sie waren so ver-
wegen, daß sie solche nicht nur in allen Straffen
zu Paris, sondern auch so gar an die Thore des
königlichen Pallastes zu Blois, wo damals der
Hof sich aufhielt, anschlugen.

Ich will zuerst die kurze Nachricht hievon
beyfügen, die sich in dem seltenen Buch: Actiones
et Monimenta Martyrum, Genev. 1560. klein Folio,
p. 64 b. befindet: Anni 1534 tempus cum ad ua-
rios rerum et ancipites euentus plerisque in
locis, tum Lutetiae maxime insigne et fatale
fuit. Nam cum *Gerardus Ruffus, Margaritae,**)

Fran-

Die Dominica 18 Octobris a Lutheranis et
Zwinglianis sparsi sunt 4 affixi passim libelli
execrabiles omnino et abominabiles contra sa-
crosanctam euchariftiam; inquisitum in aucto-
res, multi capti. Allein wir haben, wenn auch
mehrere gewesen seyn sollten, von nicht mehrern,
als zweyen einige Nachricht.

*) Diese Königin war die vornehmste Beförderin und
Beschützerin der Evangelischen in Frankreich. Hoc
habebat eximium, sagt Sammarthan. in elogiis
Gallorum p. 39. quod omnes aut rerum ino-
pes, aut aliqua sortis acerbitate oppressos,

A 4   pia

8

Francisci Régis Galliae sororis, Reginae Nauarrae auspicio, et *Couraldus* et *Berthaudus* aliique clarissimi uiri quidam ita demum euangelii ueritatem enuntiarent, ut tum primum |illuxisse Lutetiae uerbum Domini uideretur, euangelii perduelles Sorbonistae quum horum hominum splendorem in dicendo, et concurrentis illo populi celebritatem et frequentiam animaduerterent, expugnauerunt, ut illis suggestus interdiceretur, grauissimo dolore eorum, qui ex huiusmodi concionibus plurimum se confecutos esse arbitrabantur. Illi tanta iniuria reip. commoti christianae concionem in priuatam et domesti-

pia ueraque christiana benignitate sustentaret; uirosque litterarum et uirtutis opinione celebres tum per se ipsa, tum ex Francisci fratris liberalitate curaret exornandos, omnique opum et honorum accessione adaugendos. Melanchthon empfahl ihr in einem Schreiben 1534 einen Claudium Baduellum Narbonensem, L. III. Epist. p. 20. der nachher zu Nismes humaniora gelehrt, und verschiedenes geschrieben hat. Gerdes T. IV Hist. reform. p. 17. Non solum puriorem Margaritha profitebatur religionem, sed et praesidio erat iis, qui persecutionem ob religionem patiebantur.

mesticam docendi rationem aequali fere fucceffu profeƈtuque conuerterunt: quod ipfum quoque pertaefi hoftes iurati ueritatis rurfum obtinuerunt, ut de concionibus interdiƈtum etiam ad domefticam euangelii profitendi et in praecepta digerendi confuetudinem indiƈta graui mulƈta pertinere putaretur. Quo nomine *Gerardus* ipfe comprehenfus, *Couraldus* in cuftodiam pontificiam traditus fuit. Porro fideles deftituti concionibus, defeƈti doƈtoribus, in luƈtu et fqualore uerfabantur. Vnde impetu quodam animi praecipiti commoti magis, quam ufi cogitatione nonnulli operae pretium cenfuerunt effe, rem ad Allobroges deferre, idque fequi potiffimum, quod optimum interea faƈtu putarent. Itaque *Feretum* quendam famulum tum pharmacopolae *Francifci* Regis ad eam expeditionem deligunt, deleƈtum expediunt : qui Neocomum profeƈtus fub id fere tempus, cum *Guilielmus Farellus* *)

A 5 euan-

*) Ich glaube nicht zu irren, wenn ich diefen für de Verfaffer der einen oder der andern diefer Spott fchrifften halte. Auch *Varillas* hat diefe Muth maffung : On foupçonnoit, qu' ils etoient de la compofition de Farel le plus fatyrique d' entre eux.

euangelium populariter aufpicato Genevae profiteri coepiffet, programmata quaedam in Miffae
deliria, et rituum huiusmodi papifticorum lu-
dibria charaƈteribus excudi curauit. Quibus
infcriptionibus Lutetiam deportatis, deduƈtis-
que in deliberationem, proferrine eas, an omnino comprimi oportéret, *Couraldus* ipfe quidem minime proferri cenfebat oportere; hinc
enim et motum maximum populi fore, et huius
totius facinoris inuidiam in odium atque caput fidelium hominum redundaturam effe. Ad
extremum autem placuit optimis quidem illis
et ftudiofis hominibus, at feruidioribus ufuque
rerum minus, quam illa tempora poftularent,
eruditis, ut non modo perferrentur, fed etiam
compitatim affigerentur. Erant ea epigramma-
ta libellique illi ftylo confeƈti uibrante quodam
et incitato, inque potiffimum deteftabilem illam
beftiam, Miffam inquam, turbinem et funus SS.
Coenae D. N. I. C. impetu rapidiffimo ferebantur-
tur. Sparguntur igitur in uulgus partim illi
libelli momento Lutetiae menfe Oƈtobri, partim etiam per compita paffim, ac in ipfo oftio
Bafilicani cubiculi affiguntur.

Die

Die eine von diesen angeschlagenen Schmäh-
schriften ist betitelt: die geistliche Krämerey *)
der Päbstlichen Priester, worinn auf eine sehr
beissende Art gezeigt wird, daß alle Kaufleute in
der Welt mit ihrem Handel den Priestern nicht
gleich kämen, die mit allem Geld zu verdienen
wüsten, ohne daß der Käufer etwas dadurch erhielte. Sleidan liefert uns in seiner Geschichte
im neunten Buch bey dem Jahr 1534 von dieser
Piece (*in pontificios mercatores et caupones*) einen
Auszug, wovon ich nur dieß wenige beyfügen will:
Negotiatores hi callidi funt supra modum, su-
amque mercaturam fic amplificarunt, ut nullus
omnino fit locus uel angulus, quem non suis re-
pleuerint tabernis. Vestitu differunt a reliquis,
et funt plerique rafo uertice : nec enim ulli,
qui non magnae illius bestiae characterem habet, et insigne, mercaturam exercere concedi-
tur. Hi soli uendunt, reuendunt, permutant,
et quidem omni tempore. Nam caeteri mer-
cato-

*) Eine ähnliche Schrift edirte 1535 Sebastian
Maier unter dem Titel: des Papsts und seiner
Geistlichen Jahrmarkt. Ihr Inhalt ist aber ganz
verschieden von der französischen, und durchaus
keine Uebersetzung derselben.

catores diebus feftis, praefertim celebrioribus,
plane ceffant, deinde plerique fe&antur et exer-
cent unum aliquod mercaturae genus, hi uero
nullum anni tempus intermittunt, et omnis ge-
neris merces tra&ant, nihilque eft, quod ipforum manus effugiat. Non uiri, non mulieres,
non infantes, tam nati quam nafcituri, quaeftum
enim faciunt ex omnibus rebus in uniuerfum.
Scruit ipforum cupiditati coelum, infernus,
terra, tempus ipfum, et omnes plane creatu-
rae, tum animatae tum inanimes, uinum, panis,
oleum, linum, lac. bytyrum, cafeus, aqua, fal,
ignis, fumigationes, ex his rebus omnibus norunt elicere aurum et argentum.*) Eiusdem
eft artificii, quod ex mercatoris etiam ueftitu
pretium augetur: quam enim Abbas decantat
aut Epifcopus, multo conftat maioris, quam ali-
.cuius

---

*) Auf ähnliche Art schreibt auch Scheräus in
   seinen Miscellanais Hierarch. p. 109. Könige
   und Fürsten lassen aus Gold und Silber Geld schla-
   gen, aber der Pabst münzt sein Geld aus tausend
   andern Dingen, aus Essen, Trinken, Fasten, Klei-
   der, Messen, Wachslichtern, Fegfeuer —— nur
   daß er der Leute Odem, und die untere Luft nicht
   brandschatzen kan!

cuius monachi seu uicarii missa. Qua quidem
in re nihil differunt a meretricibus : nam hae,
quo sunt ornatiori cultu, eo carius turpitudi-
nem suam uendunt.

Eine solche Schrift, im Geist Lucians geschrieben, und worinn so viel Wahrheit lag,
muste ganz natürlich die Geistlichen, die einen
so einträglichen Handel nicht gern ihren Händen
entreissen liessen, heftig erbittern. Aber eben so
unangenehm für sie war die andere Schrift, die
die Messe zum Gegenstand hatte, und die das
schriftwidrige und vernunftlose, in das diese reli-
giöse Handlung nach und nach ausgeartet war, so
zu zeigen bemühet war, daß sie nothwendig starke
Sensation allgemein erregen muste. Ein Original
hievon zu besitzen, wäre die grösste Seltenheit,
da ohne Zweifel alle Exemplare hievon vernichtet
worden sind. Melanchthon aber erhielte eines,
wie er dem Camerar in den Briefen an ihn p.
238. berichtet: De saeuitia Gallorum aduersus eos,
qui profitentur euangelium, audiuimus. Vidi ip-
sam pagellam περι δειπνε Parisiis propositam.
Schade, daß er uns nicht nähere Nachricht von
dessen Inhalt ertheilt! Doch hat uns solche das
Martyrologium magnum (Genev. 1597. fol.)
auf-

aufbewahrt, wo es f. 105 ff. unb in Gerdefil Hiſt. Reform. T. IV. p. 60 ſqq. unter den Do⸗ cumenten abgedruckt iſt. Man ſiehet daraus, daß die damaligen Evangeliſchen in Francfreich, ob man ſie gleich Lutheraner nannte, in der Lehre vom Abendmal ſchweitzeriſch geſinnt waren.

Doch ich laſſe der Vollſtändigkeit der Ge⸗ ſchichte wegen dieſe Schrift hier ſelbſt ab⸗ drucken. Die Auffchrift derſelben iſt :

Articles veritables ſur les horribles , grands et importables abus de la Mcsſe papale.

I' invqque le ciel et la terre en tcſmoigna⸗ ge de verité, contre ceſte pompeuſe et orgueil⸗ leuſe Meſſe Papale, par laquelle le monde, ſi Dieu bientoſt n'y remedie, eſt et ſera totalement deſolé, ruiné, perdu et abyſmé : quand en icelle noſtre Seigneur eſt ſi outrageuſement blaſphe⸗ mé, et le peuple ſeduit et aveuglé, ce que plus on ne doit ſouffrir ni endurer. Mais afin que plus aiſement le cas ſoit d'un chacun entendu, il convient proceder par articles.

Premierement à tout fidele·Chreſtien eſt et doit eſtre tres certain, que noſtre·Seigneur et ſeul Sauveur I. C. comme grand Evesque et

Paſteur

Pafteur eternellement ordonné de Dieu a baillé fon corps, fon ame, fa vie et fon fang pour noftre fanctification en facrifice tres parfait: lequel facrifice ne peut et ne doit jamais eftre reiteré par aucun facrifice ùifible, qui ne veut entierement renoncer à icelui, comme s'il eftoit fans efficace, infuffifant et imparfait, et que I. C. n' euft point fatisfait à la juftice de Dieu fon Pere pour nous, et qu'il ne fuft le vrai Chrift, Sauveur, Preftre, Evesque et Mediateur, laquelle chofe non feulement dire, mais auffi penfer, eft un horrible et execrable blaspheme. Et toutes fois la terre a efté et eft encore de prefent en plufieurs lieux chargee et remplie de miferables facrificateurs: lesquels comme s'ils eftoyent nos redemteurs, fe mettent au lieu de I. C. ou fe font compagnons d'icelui, difans qu' ils offrent à Dieu facrifice plaifant et agreable comme celui d' Abraham, d'Ifaac et de Iacob, pour le falut tant des vivans que des trespaffez: ce qu'ils font apertement contre toute la verité de la S. Efcriture, faifant menteurs touts les Apoftres et Evangeliftes: et fe desmentent euxmefmes, veu qu' avec David ils chantent et confeffent tous les Dimanches en leurs vefpres,

que

que I. C. eſt eternel Sacrificateur ſelon l'ordre
de Melchiſedec. Or ne peuvent - ils faire entendre à nul de ſain entendement, que I. C. et
ſes Prophetes et Apoſtres, qui rendent teſmoig-
nage de lui, ſoyent menteurs : mais faut mau-
gre leurs dents que le Pape et toute ſa vermine
de Cardinaux, d'Eveſques et de Preſtres, de
Moines et autres caphards diſeurs de meſſes,
et tous ceux qui y conſentent, ſoyent tels : *aſ-
ſavoir, faux - prophetes, damnables trompeurs,
apoſtats, loups, faux - paſteurs, idolatres, ſe-
ducteurs, menteurs, et blaſphemateurs execra-
bles, meurtriers des ames, renonceurs de I. C. de
ſa mort et paſſion, faux - teſmoins, traiſtres,
larrons et raviſſeurs de l'honneur de Dieu, et
plus deteſtables que le diables.* Car par le
grand et admirable ſacrifice de I. G. tout ſacrifice exterieur et viſible eſt aboli et evacué : et
jamais autre n'eſt demeuré. Ce que je dis, eſt
tres amplement monſtré en l' Epiſtre aux Hebrieux, es Chap. 7, 9, et 10, lesquels je ſupplie
à tout le monde de diligemment conſiderer.
Toutesfois pour un peu le toucher, et aider l'
eſprit des plus petis, au 7 il eſt ainſi eſcrit : il
eſtoit convenable, que nous euſſions un Eveſque

ſamt

fainct, innocent et fans macule, lequel n'a point neceffité d'offrir tous les jours facrifices, premierement pour fes pechez, puis apres pour ceux du peuple: car il a fait cela en s'offrant une fois. Notamment il dit, en s'offrant une fois: car jamais cefte oblation ne fut, ni ne fera reiterée n'aucune pareille. Item au 9 chap, Chrift Evesque des bien avenir par fon propre fang eft entré une fois es fanctuaires. Voici ou derech ef il dit que par s'eftre prefenté une fois, la redemtion eternelle eft faite. Parquoi il eft evident que en noftre redemtion nous n'avons befoin de tels facrificateurs, fi nous ne voulons renoncer a la mort de I.C. Item au 10 Chap. Voici je vien afin, o Dieu, que je face ta volonté, par laquelle volonté nous fommes fanctifiez, par l'oblation une fois faite du corps de Chrift. Et aufli le S. Efprit le teftifie, difant, je n'auray plus fouvenance de leurs iniquitez: et la ou eft remiffion d'icelles, il n'y a plus d'oblation pour le peché. Ce que par argument inevitable de l'Apoftre je monftre ainfi: au chap. 5, 7, 8 et 10, des Hebrieux le fainct Apoftre dit, que pour l'imperfection des facrifices de l'ancienne loy il faloit tous les jours recom-

B   men-

-mencer jusqu' a ce qu'il en euſt eſte offert un du tout parfait, ce qui a eſté fait une fois par I. C. Dont je demande a tous ſacrificateurs, ſi leur ſacrifice eſt parfait, ou imparfait. S'il eſt imparfait, pourquoi abuſent-ils ainſi le pauvre monde? S'il eſt parfait, pour quoi le faut-il reïterer? Mettez vous en avant, ſacrificateurs, et ſi vous avez puiſſance de reſpondre, reſpondez.

Secondement, en ceſte malheureuſe Meſſe on a non ſeulement provoqué, mais auſſi plongé et du tout abyſmé quaſi l'uniuerſel monde en idolatrie publique, quand fauſſement on a donné à entendre, que *ſous les eſpeces de pain et de vin I. C. eſt contenu et caché corporellement, reellement et perſonellement, en chair et en os, auſſi gros, grand et parfait, comme de preſent il eſt vivant.* Ce que la S. Eſcriture et noſtre foy ne nous enſeigne pas : mais eſt du tout contraire, car I. C. apres ſa reſurrection eſt monté au ciel, et eſt aſſis a la dextre de Dieu le Pere toutpuiſſant, et de là viendra juger les vifs et les morts. Auſſi S. Paul aux Coloſſ. 3. eſcrit ainſi. Si vous eſtes reſuſcitez avec Chriſt, cherchez les choſes, qui ſont en haut, ou Chriſt eſt ſeant a la dextre de Dieu. Il ne dit point : cher-

cherchez Chriſt, qui eſt en la Meſſe, ou au ſa-
craire, ou en la boite, ou en l'armoire, mais
au ciel. Parquoi il ſ'enſuit bien, que ſi le corps
eſt au ciel, pour ce meſme temps il n'eſt point
en la terre, et s'il eſt en la terre, il n'eſt point
au ciel. Car pour certain jamais un veritable
corps n'eſt qn'en un ſeul lieu pour une fois, oc-
cupant certain lieu et place en qualité et gran-
deur certaine. Parquoi *il ne ſe peut faire, qu'un
homme de* 20 *au* 30 *ans ſoit caché en un mor-
ceau de paſte tel que leur oublie.* De repliquer,
que comme il eſt tout puiſſant, il eſt auſſi invi-
ſible, infini et par tout: cela ne peut avoir lieu,
conſiderant, que comme il eſt toutpuiſſant, il eſt
auſſi veritable et la verité meſme, nous ayant
certifié de la verité de ſon corps, parce qu'il
a reſpondu à ſes diſciples que c'eſtoit lni, parlant de ſa preſence corporelle, leur faiſant entendre, qu'il n'eſtoit point fantoſme ni inuiſible,
et que l'eſprit n'a ne chair ni os comme lui. Et
en ce qui eſt recité en l'euengile de S. Iean. 20
chap. qu'il vint et fut au milieu de ſes diſciples,
les portes fermées, n'eſt pas à dire, comme ces
abuſeurs fauſſement font entendre, qu'elles n'
ayent eſté ouvertes par la vertu divine de I. C.

pour

pour le paſſage de ſon vrai corps. Car s'il a bien en la puiſſance de les faire ouvrir par ſon ange, pour delivrer S. Pierre de la priſon, il lui a bien eſté autant facile de ſe faire ouverture pour entrer á ſes diſciples, par les moyens miraculeux qu'il lui a pleu ſans changer la nature de ſon corps en eſprit, ou en un autre, qui ne fuſt point vrai corps. Auſſi l'evangeliſt ne dit pas, que Ieſus entra par les portes fermées, mais qu'il vint á ſes diſciples, et qu'il fut là au milieu d'eux, les portes eſtant fermées. En quoi il a voulu donner à entendre en quelle crainte eſtoyent aſſemblez ſes diſciples, et qu'il a en cela voulu monſtrer une preuve manifeſte de la puiſſance divine du Seigneur Ieſus, par laquelle les portes s'ouvrirent devant lui, ſans ce qu'ils ſe ſoyent apperceus, ne comment elles ont eſté ouvertes, ne comment elles ont eſté cloſes a la venue d'icelui, entrant miraculeuſement, pour rendre ſes diſciples plus attentifs à ſa nature divine. Concluſion, le corps de I. C. n'eſt point ſemblable à un eſprit. Auſſi qu'il ſoit infini et par tout, cela ne peut eſtre: ou autrement il ne ſeroit ni vrai corps ni vrai homme, s'il eſtoit auſſi bien infini pour raiſon de la

nature

nature divine. Il eſt donc contenu en certain lieu, et y eſtant, il n'eſt pas en un autre. Ce que S. Auguſtin a bien connu, quand en parlant du Seigneur I. C. il a ainſi eſcrit : *Donec finia-tur ſeculum , ſurſum Dominus eſt, ſed tamen hic nobiscum eſt ueritas Domini. Corpus enim, in quo reſurrexit, in uno loco eſſe oportet, ue-ritas autem eius ubique diffuſa eſt.* Iusques à ce que le monde prene fin, le Seigneur eſt en haut : neantmoins la verité du Seigneur, eſt ici avec nous. Car il faut que le corps auquel il eſt refuſcité, ſoit en un lieu : mais ſa verité, c'eſt à dire, ſa nature divine, eſt eſpandue par tout. Item Fulgence eſcrit ainſi : *Abſens erat coelo ſecundum humanam ſubſtantiam, quum eſſet in terra, et derelinquens terram, quum aſcendiſſet in coelum, ſecundum uero di-uinam et immenſam ſubſtantiam, nec coelum dimittens, quum de coelo deſcendit, nec terram deſerens, quum ad coelum aſcendit.* Il eſtoit abſent du ciel, ſelon ſa nature humaine, lors qu'il eſtoit en terre : et il delaiſſa la terre, lors qu'il delaiſſa la terre, lorsqu'il monta au ciel. Mais quant à ſa nature immenſe et divine, il ne delaiſſa point le ciel, quand il deſcendit du

ℬ 3   ciel,

ciel, ni ne delaiſſa la terre, quand il monta au
ciel.

Outre nous avons infallible certification par
la S. Eſcriture, que l'aduenement du fils de l'
homme, quand il lui plaira partir du ciel, ſera
viſible et manifeſte. Et ſi aucun vous dit, ici
eſt Chriſt, ou là, ne le croyez point. I. C. dit,
ne le croyez point : et le ſacrificateurs diſent,
il le faut croire. Ils chantent bien, *ſurſum
corda*, exhortans le peuple á chercher I. C. au
ciel, mais ils font le contraire en ce qu'ils ar-
reſtent pour le faire chercher en leurs mains et
en leurs boites et armoires.

Tiercement, ces ſacrificateurs aveugles, pour
adjouſter erreur ſur erreur, ont en leur frenefie
encore dit et enſeigné, qu' apres avoir ſoufflé
ou parlé ſur ce pain, lequel ils prénent entre
leur doigts, et ſur le vin, lequel ils mettent au
calice, il n'y demeure ne pain ne vin, mais,
comme ils parlent de grands et prodigieux
mots, par transſubſtantiation I. C. eſt ſous les
accidens du pain et du vin caché et envelo-
pé : *qui eſt doctrine des diables*, contre toute
verité, et apertement contre toute l'Eſcriture.

Et

Et pourtant je demande à ces gros enchaperonnez : Ou ont-ils inventé ce gros mot *Transsubstantiation?* S. Matthieu, S. Marc, S. Luc, S. Iean, S. Paul, et les anciens Peres n'ont point ainfi parlé : mais quand ils ont fait mention de la S. Cene de I. C. ils ont ouvertement et fimplement nommé le pain et le vin, Pain et Vin. Voyez S. Paul comment il efcrit. L'homme fe efprouve foy-méfme, puis s'enfuit, et ainfi mange de ce pain. Il ne dit point, mange le corps de I. C. qui eft enclos, ou qui eft fous la femblance, ou fous l'efpece ou apparence de pain, mais il dit apertement et purement, mange de ce pain. Or eft-il certain, que l'Efcriture n'ufe point de deception, et qu'en icelle il n'y a point de feintife : dont il s'enfuit bien que c'eft pain. Item en un autre lieu il eft ainfi efcrit, et un jour de Sabbath les difciples eftans affemblez pour rompre le pain etc. Ausquels tant evidens paffages, la S. Efcriture dit et prononce expreffement eftre pain, non point efpece, apparence ou femblace de pain. Qui pourra donc plus fouftenir, porter et endurer tels *moqueurs, telles peftes, et pervers Antechrifts?* les quels comme prefumptueux et arrogans felon

B 4   leur

leur ordinaire couſtume ont eſté ſi temeraires
et hardis, de conclure et determiner au contraire. Parquoy commé ennemis de Dieu et de ſa
S. parole, à bon droit on les doit rejetter et
merveilleuſement deteſter. Car n'ayans en nulle
honte de vouloir enclorre le corps de I. C. en
leur oublie : auſſi, comme effrontez heretiques
qu'ils ſont, ils n'ont eu aucune honte et ver-
gongne de dire, qu'il ſe laiſſe manger aux rats,
araignes, et vermine, comme il eſt eſcrit de lettre rouge en leurs Meſſels en la XXII. Cautel-
le, qui ſe commence ainſi : *Si le corps du Seig-*
neur eſtant conſumé par les ſouris et les araig-
nes, eſt devenu a rien, ou ſoit fort rongé, ſi le
ver eſt trouvé tout entier dedans, qu'il ſoit
bruslé et mis au Reliquaire. O terre, comment ne t'ouvres-tu pour engloutir ces horribles blaſphemateurs ? O vilains et deteſtables,
ce corps eſt-il du Seigneur Ieſus vray fils Dieu?
ſe laiſſe-il manger aux ſouris et aux araignes?
lui qui eſt le pain des anges et de tous les enfans de Dieu, nous eſt-il donné pour en faire
viande aux beſtes ? Lui qui eſt incorruptible à
la dextre de Dieu, le ferez-vous ſujet aux vers
et a pourriture, contre ce que David en a eſcrit,

pro-

prophetifant de la refurrection d'icelui? O miferables, quand il n'y auroit autre mal en toute voftre theologie infernale, fi non en ce que vous parlez tant irreverement du precieux corps de Iefus, combien meritez vous de fagots et de feu, blasphemateurs et heretiques, voire le plus grands et enormes, qui jamais ayent efté au monde? Allumez donc vos fagots pour vous brusler et roftir vous mefmes, non pas nous, pource que nous ne voulons croire à vos idoles, à vos dieux nouveaux Chrifts, qui fe laiffent manger aux beftes et à vous pareillement, qui eftes pires, que beftes, en vos badinages lesquels vous faites a l'entour de *voftre Dieu de pafte, duquel vous-vous jouez comme un chat d'une fouris*: faifans des marmiteux et frappans contre voftre poictrine, apres l'avoir mis en trois quartiers, comme eftans bien marris, l'appellans Agneau de Dieu, et lui demandans la paix. S. Iean monftroit I. C. prefent, vivant et tout qui eftoit la verité des agneaux, qui ont efté figuré de lui en l'ancien Teftament, et vous monftrez voftre oublie partie en pieces: puis la mangez, vous faifans donner à boire, S. Iean a-il mange I. C. en ce poinct?

Quae

Que pourroit dire un perſonnage, qui n' auroit jamais vu telle ſingerie ? ne pourroit - il pas
bien dire, ce poure agneau n'a garde de deve-
nir mouton : car le loup l'a mangé, par l'agneau le Seigneur à ordonné le ſacrement de l' agneau paſchal ; et S.Iean et S. Paul qui ont expoſé
la vraye ſignification d'icelui, pourroyent- ils re-
connoiſtre tels baſteleurs pour ſerviteurs deDieu.

Quartement le fruiɛt et l'uſage de la
Meſſe eſt ibien contraire au fruiɛt et à l'uſage de la S. Cene de I. C. et n'eſt pas de mer-
veilles, car entre Chriſt et Belial il n'y a rien
commun. Le fruiɛt et le vray uſage de la S.
Cene de I. C. eſt pour le premier de conſiderer
comment le Seigneur nous preſente de ſa part
le corps et le ſang de ſon fils I. C. à ce que
nous communiquions vrayement au ſacrifice de
la mort et paſſion d'icelui, et que Ieſus nous ſoit
pour nourriture ſpirituelle et eternelle, et que
nous nous en tenions pour aſſeurez, comme il
le nous declare, et nous en aſſure par ce S. Sacrement. L'autre poinct eſt, de publiquement
faire proteſtation de ſa foy : et en confiance certaine de ſalut avoir aɛtuellement memoire de la
mort et paſſion de I. C. par laquelle nous ſom-
mes

mes rachetez de damnation et perdition, avoir auffi fouvenance de la grande charité et dileftion de quoi il nous a tant aimez, qu'il a baillé fa vie pour nous, et nous a purgez par fon fang. Auffi en prenant tous d'un pain et d'un breuvage nous fommes admonneftez de la charité et grande union, en laquelle tous d'un mefme efprit nous devons vivre et mourir en I. C. Et ceci bien entendu refjouit l'ame fidele, la rempliffant de divine confolation en toute humilité. croiff.nt en foy de jour s'exércant en toute bonté tres douce et amiable charité. Mais le fruiä de la Meffe eft bien autre, comme l' experience le nous demonftre. Car par icelle toute connoiffance de I. C. eft effacée, la predication de l'evangile eft rejettée et empefchée, *le temps eft occupée en fonueries, hurlemens, chanteries, vaines ceremonies, luminaires, encenfemens, desguifemens, et telles manieres de forcéleries,* par lesquelles le povre monde eft, comme brebis ou moutons, miferablement trompé, entretenu, et pourmené, et par ces loups raviffans mangé, rongé, et devoré. Et qui pourroit dire ne penfer les larrecins de ces paillards ? *Par cefte Meffe ils ont tout empoigné,*

tout

tout destruit, tout englouti. Ils ont desherite Princes et Rois, Seigneurs, Marchands, et tout ce qu'on peut dire, soit mort ou vif. En somme, verità leur defaut, verité les menace, verite les pourchasse, verité les espouvante, par laquelle en bref leur regne sera destruit à jamais.

Man kann leicht erachten, wie sehr in den damaligen Zeiten nicht nur die Geistlichkeit, sondern auch der König und das Volk, durch jene gereizt, bey dem Anblick solcher Schriften, die nie bessern, sondern nur verbittern, wider die Evangelischen aufgebracht werden musten. Man stellte daher über die Urheber derselben die schärfste Untersuchung an, und viele der neuen Lehre nur im geringsten verdächtige wurden ins Gefängnis geschleppet, und zu einer schweren Straffe aufbewahret.

Es ward zu dem Ende bald nach dem neuen Jahr 1535 eine solenne Procession ausgeschrieben, dergleichen gewiß nie eine gehalten worden ist, und auch, wenigstens in Frankreich, nie mehr angestellt werden wird. Der König selbst mit entblößtem Haubt, und einer brennenden Kerze in der Hand, folgte derselben in Begleitung seiner Prinzen, jen, anderer Fürſten, Karbinäle, Biſchöffe, des ganzen Klerus und vieler anderer. Da ſie gewiß die einzige in ihrer Art geweſen, die mit ſo vieler Pracht vollzogen worden iſt, ſo hoffe Entſchuldigung zu erhalten, wenn ich ſolche aus einem ſehr ſeltenen Buch, *) wo ſie am umſtändlichſten beſchrieben worden iſt, hier unverändert mit Beybehaltung der alten Orthographie mittheile. Sie giebt zu allerhand Betrachtungen reichen Stoff.

Le proceſſion ſe feiſt en ceſt ordre. Les quatre ordres mendiants marchoient en grand nombre, et fort belle contenance, grand part d' eux veſtuz en chappes et ſuppeliz, et portant beaux reliquaires. Apres ſuiuoyent les paroiſſes de la ville et faulxborgs avec leurs reliquaires, chacune ſelon ſon antiquite, venoient apres eux les religieux de S. Germain des prez, a la main dextre portans le corps S. Germain: a feneſtre ceux de S. Martin des champs portans le chef S. Martin et le corps S. Paxent. Apres marchoient les religieux de S. Magloire, portans le corps dudit

*) *Sim. Fontaine* Hiſtoire catholique de noſtre temps, touchant l' eſtat de la religion chreſtienne contre l' hiſtoire de Iean Sleydan. à Anvers, 1558. f. 199 ff.

bit S. Magloire: et ceux de S. Eloy portans de
S. Aure alloient apres les chaffes S. Landry, S.
Merri, S. Honoré, S. Opportune, S. Benoift, et
d' autres corps fainçts avecques leurs Eglifes.
Scize des borgeois de la ville portoyent les uns
apres les autres par devotion le chef de S. Philippe, fuiuiz des chaffes et corps faincts de S.
Geneuiefue, *) et S. Marceau, a la maniere ac-
couftumeé á fçavoir les religieux des abbayes de
S. Geneuiefue et S. Viçtor, coftoyans les dictes
chaffes à dextre et à feneftre, tous nuz pieds.

Apres lesquels en honnefte et religieufe gra-
uité marchoit tout le college des chanoines de l'
Eglife noftre Dame à dextre, et le corps de l'
univerfité à fçavoir le Recteur, fes docteurs theo-
logiens, decretiftes, medecins, bacheliers, re-
gens et maiftres es arts, à la feneftre tenans tous,
chacun

*) Da gegenwärtig die Frankreicher bey der fchreck-
lichen Anarchie und Irreligion alles Kirchen und
Meßgeräthe von Gold und Silber in die Münze
gebracht haben, fo ift auch die Schutzpatronin,
die h. Genoveva, in diefelbe gebracht worden,
deren goldne und filberne Ketten mit Edelgefteinen
geziert man allein auf anderthalb Millionen Livres
fchätzt.

chacun un cierge de cire vierge ardant en leurs mains ,- marchoient apres les Suiſſes de la garde du Roy auec leurs tabourins et fifres — — A ces taborins effroyables ſuccedoit le doulx ſon des haultboys, violons , cornets et autres inſtruments de muſique, differents de trompettes, qui fanfaroyent fort melodieuſément — — Apres 'ſuiuoient les heraux et roys d' armes, veſtuz de leurs cottes d' armes : apres lesquels venoient quelque nombre de preſtres reveſtuz comme pour celebrer et teſte nue, portans partie d' eux le chef S. Loys, autres ceſte tant belle et bonne portion de la vray et meſme croix, ou I. C. fut attaché et crucifié: autres la couronne de ſpine : autres le clou et fer de la lance — — Apres ces tant precieux monuments marchoyent Archevefques et Eveſques en grand nombre deux à deux chappez et mitrez, portants en leurs mains menuz reliquaires de grande reverence — lesquels eſtoient incontinent ſuiviz des Reverendiſſ. Cardinaulx de Tournon le Veneur et Chaſtillon. Quelque peu de diſtance apres alloit Monſieur l' Eveſque de Paris, teſte nue, portant reveremment le corps de noſtre Seigneur I. C. aſſiſté de ſes Archediacres ſous un poiſie de veloux cramoyſi violet, ſemé de fleurs de lys d' or, ſou-

ſtenu

ftenu et porté à quatre baftons de mefme par
Meffieurs le Daulphin, le Duc d' Orleans, et d'
Angoulefme, enfants du Roy, et de Monfieur de
de Vandofme, nuds de teftes, tous aux deux
coftez ou S. Sacrement eftoient les deux cents
gentils hommes de la maifon du Roy cheminant
en bel ordre, et faifant large par les rues, portans chacun une torche allumínée.

Incontinent apres le S. Sacrement cheminoit
moult religieufement le Roy, toufjours tefte nue,
et portant en fa main une torchre de cyre vierge ar-
dent, coftoyé un peu plus bas de Monfieur le re-
uerendiffine Cardinal de Lorraine.

Aux coftez du Roy eftoient en ordre uingt
et quatre archers de la garde de fon corps, veftuz de leurs hoquetons blancs argentez, tenants
chacun une torche de cyre vierge en leurs mains.

Apres ledict Seigneur marchoient les Princes
et Chevaliers de fon ordre au meillieu de la rue,
apres eux tenans le mefme entroit les gentils hommes de la chambre, les quatre cens archers de fa
garde veftuz de leurs hoquetons argentey, et con-
duits par leurs Capitaines, et generalement toute
la maifon dudict Seigneur portants tous torches
allumeés et les teftes nues.

A cofte

A cofté de ces Princes Chevaliers et gentils hommes marchoient en bel ordre deux à deux Meffieurs de la court· de Parlement, Meffieurs des comptes et generaulx, veftuz de robes defcarlate et autres habits competens à leurs dignitez et offices.

Apres pour la fin venoit le Prevoft des marchants, efchevins et confeillers de la maifon de la ville, et faifoient tousjours les archers de la dict ville tant de devoir par tout, que n'y eut aucun defordre. — —.

Nach geendigter Proceffion hielt der König eine Rede an das verfammlete Volk, worinn er folches zum ftandhaften Bekenntnis des fatholifchen Glaubens ermunterte, vor der neuen falfchen Lehre warnte, und unter andern fagte: wenn fein Arm mit dem Gift der Lutherifchen Ketzerey angeftecft wäre, wolle er ihn felbft abhauen, auch feiner eigenen Kinder nicht verfchonen.

Endlich wurden noch an eben diefem Tag Abends die der Ketzerey wegen eingezogene auf öffentliche Plätze gebracht, wo Feuer angezündet war, um fie zu verbrennen, und die erzürnte Gottheit nach ihrer Meinung dadurch zu verföhnen. Der Henker band diefe unglücklichen an eine Mafchine, zog fie in die Höhe, lies fie langfam in das Feuer

C   herun-

herunter, zog sie dann wieder hinauf; endlich aber, wenn sie lange genug und zu wiederholten malen diese Marter ausgestanden hatten, schnitt er den Strick ab, ließ sie in das Feuer herab fallen und iämmerlich verbrennen. *)

In der Erasmischen Briefsammlung (opus Epistol. Basil. 1538 in Fol.) finde ich einen Brief von Jacobus Latomus, der damals königlicher Professor zu Paris war, worinn er dem Erasmus von dieser Sache folgenden Bericht p. 1097 ertheilt: De nostris concionatoribus, uel potius de tota turbulenta concione nihil opinor opus esse ad te scribere, quum non solum omnia ex aliorum litteris, qui ad te scribere solent, sed etiam ex fama ipsa cognoueris. Fuimus praeterita hyeme in magno periculo et inuidia Germani omnes in hac urbe, propter quorundam temeritatem, qui libellos seditiosos **) non solum tota urbe Parisiorum,

sed

---

*) Dieß gab Calvin Veranlassung, seine Institutionem christ. religionis dem König Franz I. zu dediciren, und diese Dedication ist eine vortrefliche Apologie der Evangelischen.

**) Die Beschuldigung ist gewiß ganz ungegründet, die *Fontaine l. c.* f. 201 ihnen macht: ils avoient (comme le bruit estoit fort grand) entrepris

fed etiam in aula Regis fixerant. Dederunt tamen illi poenas, atque utinam omnes dediffent. Sèd interim et alii complures eadem tempeftate abrepti funt. Magnus terror erat, et formidolofa rerum facies apud omnes, uincula, carceres, tormenta, flammae. Vidiffes homines in altum fufpenfos fubiectis ignibus uiuos cremari, audiffes uoces infultantis uulgi et increpantis damnatos inter ipfa fupplicia cum magna atrocitate. Ita fupra quatuor et uiginti *) homines abfumti funt, Gallici nominis omnes, nec quisquam Germanus de

C 2 capi-

trepris de brusler les Eglifes la nuict de la nativité noftre Seigneur lorsque le peuple catholique et fidele ne penfoit, qu' à prier Dieu. Eben fo ungegründet, was *Bulaeus* l. c. p. 249 fchreibt: nonnulli faffi funt, coniuratis unam mentem fuiffe, trucidare Catholicos templis incubantes, dum facra fierent.

*) **Crifpin** in monumentis Martyrum f. 65 nennt von den Hingerichteten folgende fünf: Berthelotus Milonius, Io. a Burgo, Nic. Valletonus, Henric. Cuberonenfis und Steph. Forge. Beza im Leben Calvins fagt aber: quatuor urbis celebrioribus locis *octonos* martyres uiuos uftulari iubebat. Und **Sturm** in dem unten folgenden Brief an Melanchthon fchreibt: *octodecim* uftulati funt.

capite periclitatus eſt. — — Caetera iam tran-
quilla ſunt omnia, eſtque fama, exules, qui me-
tu profugerunt, redituros eſſe, reſtitutis etiam bonis, quae fuerant a fiſco occupata. Vehementer
deſideratur concilium a bonis uiris omnibus, quod
niſi aliquando habitum fuerit, uerendum eſt, quo
tandem hae turbae ſint abiturae.

Ein ſo hartes Verfahren gegen dieſe unglücklichen, unter welchen auch mancher unſchul-
dige geweſen ſeyn kan, machte überall, beſonders
aber in Deutſchland groſſes Aufſehen. Alle in
Frankreich um dieſe Zeit befindliche Frembe, die
zum Theil der Evangeliſchen Lehre zugethan waren, ſchwebten daher in groſſer Lebensgefahr. Und
da auch eben damals eine Türkiſche Geſandſchaft
in Paris war, (eine ſeltene Erſcheinung zur ſel-
bigen Zeit) und der König hierüber in einen übeln
Ruf kam, ſo hielt er es für nöthig, um die
deutſchen Fürſten ſich nicht zu Feinden zu machen,
ein weitläuftiges Entſchuldigungsſchreiben an die-
ſelben abgehen zu laſſen, und ſeine vermeintliche
Unſchuld ſowol wegen der Hingerichteten, unter
welchen kein Deutſcher war, und wegen der Tür-
kiſchen Geſandſchaft zu retten.

Es

Es befindet sich solches in verschiedenen Werken *) eingedruckt. Ich besitze aber auch hievon
einen eigenen Abbruck unter dem Titel: des Kö-.
nigs zu Frankreich Schrift an die deutschen
Chur-vnd Fürsten, vom *Concilio* vnd ettlich
andern Artickeln. 1535. in 4 auf 2 Bogen, ohne
Zweifel zu Wittenberg gedruckt. **)

Der König bezeigt hierin sein Mißfallen, daß
man ihn in allem Banqueten verunglimpfe und
lästere mit dem Vorgeben, daß des Türken und
Feindes der Christenheit Botschaft bey dem aller-
christlichsten König ehrlich gehalten, und dagegen
die Deutschen nicht geachtet sondern verfolgt würden; daß man Leute in Türkischer Kleidung sicher

C 3   und

*) Als in *Freberi* Rer. Germ. T. III. f. 295.
lat. Deutsch aber in Hortleders Ursachen des
deutschen Kriegs B. I. C. 18. f. 79. und in Walchs
Werken Luthers B. XVII. S. 370 — deutsch.
Einem Auszug hievon gibt *Seckendorf* Hist. Luth.
L. III. p. 104.

**) Diese deutsche Uebersetzung fertigte Melanch-
thon. Diesen bisher unbekannten Umstand ersehe
aus Mel. Briefen Tom. Lugd. p. 343. Mitto
tibi Galli scriptum ad Principes a nobis trans-
fusum in linguam germanicam, πανυ κελτικα
plenum κελτικης τυφομαχιας.

und frey auf allen Gaffen gehen sehe, dagegen sich niemand in deutscher Kleidung dürfe blicken laffen, daß alle Deutsche ohne Unterschied für Ke-ter gehalten, beschuldiget, angegriffen, gemar-tert und getödet werden, und daß alle Kerker voll Deutsche wären. — Die Gestraften wären unfin-nige Leute gewesen, die sich Aufruhr und unchrist-licher Handlungen unterstanden, und die auch sie gewiß nicht ungestraft gelassen haben würden — unter diesen sey kein einziger Deutscher gewesen. Die ganze Beschuldigung rühre vom Kayser her, der ihn durch solche Gerüchte bey ihnen anzu-schwärzen suche ꝛc.

Bald hierauf schien der König seine Gesin-nungen in Absicht der Strenge gegen die evan-gelischgesinnte und ihre Lehre geändert zu ha-ben. Ob verstellt, oder würklich? will ich nicht bestimmen. Es waren in Frankreich unter den Groffen und Gelehrten verschiedene, die beffere Religionskenntniffe befaßen, manche Mißbräuche einfahen, mit der Verfolgung der Evangelischen unzufrieden waren, und einen Weg zur Verglei-chung der strittigen Religionspuncte sehnlichst wünschten.

Unter diesen zeichneten sich besonders die beeden Brüder Bellay merklich aus. Camerar

im

im Leben Melanchthons p. 145 sagt: Erant et pietate et doctrinae litterarumque eruditione in illo regno dignitate etiam et honoribus praeftantes quidam uiri, quibus crudelitas ista immanis admodum displicebat, et ingentem afferebat dolorem. Et hi Germanos celebres eruditionis nomine in Gallia beneuolentia fauoreque complectentes tuebantur atque protegebant, neque patiebantur eos ab ista uiolentiae feritate attingi. Inter quos excellebat benignitatis et omnino uirtutis sapientiaeque fama domus *Langaea*, et in hac Princeps *Wilbelmus Bellaius*, qui Galliam suae sapientiae, fortitudinis, integritatis, fidei ope moriens deftituit grauissime laborantem, et in saeuissimo bello asperrima fortuna illius A. C. 1543.

Der eine Bruder Johann Bellay (du Bellay Seigneur de Langey) war Bischof zu Paris, nachher Carbinal; der andere, Wilhelm, war Königlicher Minister und Gesandter, dem Sleidan im neunten Buch seiner Geschichte dieß herrliche Lob ertheilt: Vir summae dignitatis et praecipuum Gallicae nobilitatis ornamentum, ob insignem doctrinam, eloquentiam, usum rerum et singularem in omni functione dexteritatem: longe nimirum diffimilis a plerisque Regum sectatoribus,

qui

qui fuas modo facultates amplificare ftudent, ipfe autem ingenio praeditus heroico folum eo fpecta-bat, ut folida uirtute fibi ueram gloriam compararet, et fidelem operam fuo Principi uel cum fuarum rerum difpendio nauaret.

Melanchthon bezeugte ihm feine groffe Hoch-achtung daburch, daß er ihm Xenophons Werke, Halle in Schwaben, 1540 in 8. in drey Bänden bedicirte. Im dritten Buch der Briefe Mel. p. 71 fchreibt er ihm. *) Admonuit me Xenophon ipfe de tuis uirtutibus, qui ad excellentem doctrinam adiunxit ufum militarem, et Agefilai confiliis interfuit, qui prae caeteris regibus omnibus uirtute, fortuna, et gloria antecelluit. Itaque cum fimili-tudine illa delectarer, teque magis amarem, tuum nomen in ueftibulo operis adfcribi — Quod autem ibi publice petiui, idem nunc quoque oro, ut propter litteras, propter Ecclefiae falutem, propter incolumitatem gentium hortator fis, ut de con-trouerfiis Ecclefiae non dimicetur implis armis, fed potius, ut decet magnos Reges, quaerantur moderata confilia.

An

*) Die Auffchrift heißt: Illuftri uiro et praeftan-ti fapientia et uirtute praedito D. Guilielmo Bellaio, Domino a Langi, Taurinenfis Pro-uinciae Gubernatori etc.

An Johann Bellay, Bischof in Paris, befinden sich zween Briefe Mel. vom Jahr 1555 und 1556 im ersten Band seiner Briefe p. 166 — worinn er ihm Hubertum Languetum Burgundum empfiehlt, und unter andern schreibt: Et memini uiri sapientis et boni tui fratris consilia, et doleo spretis moderatis consiliis bella mota esse etc.

Ausser diesen aber befanden sich damals noch mehrere zu Paris, die sich alle Mühe gaben, dem König gelindere Gesinnungen von der Lehre der Protestanten einzuflösen, und die Grossen am Hofe zu gewinnen. Unter diesen verdient am ersten Johann Sturm, nachheriger Rektor zu Straßburg, genennt zu werden, der um diese Zeit zu Paris die schönen Wissenschaften mit vielem Beyfall lehrte, und von den Grossen sehr geschätzt wurde. Adam in uitis Philosophorum p. m. 343. Parisiis linguae utriusque scriptores bonos artesque logicas docuit annis octo. Rem ibidem familiarem instituens cum Ioh. Pisonia lectissima uirgine conuictores multos aluit, et in his eodem tempore Episcopum unum, Barones et nobiles aliquot, Italos, Gallos, Anglos, Germanos constantis aetatis et eximiae doctrinae homines — — Auch Melanchthon hielt viel auf ihn, und da er ihn das erstemal auf dem Con-

C 5   vent

vent zu Frankfur 1539 sprach, und von Person
kennen lernte, schrieb er L. V. Epp. p. 13 an Justus
Jonas: Fuit mecum Sturmius adolefcens, qui docet latinas et graecas litteras Argentinae. Nihil
amabilius est ipfius ingenio et moribus, magnae mihi uoluptati fuit.

Ein anderer Deutscher Johann Guinther,
Königlicher Medicus, der bey dem Karbinal Bellay
viel vermochte, nahm sich auch der Evangelischen
an, und suchte, ihr Schicksal zu erleichtern. Adam
in uitis Medicorum p. 214 berichtet uns in seinem
Leben: Cum sub id tempus uarii in Gallia motus
in religionis negotio orirentur, Guintherius cum
aliis Wittembergam in Germaniam fuit miffus, confilium et auxilium ab Euangelicis petiturus; sed
in Galliam reuerfus animos exacerbatos remque
omnem ad bellum ciuile fpectare fenfit. —

Von der vereinigten Bemühung dieser Männer schreibt Camerar im Leben Melanchthons p.
146. Per occafionem illis de negotiis inter ipfos
uerba fieri, et confilia rationesque iniri ac quaeri,
quibus tam grauiter laborantibus rebus fubueniri
poffet. Perfectumque est diligentia et ftudio horum, ut apud ipfum Regem mentio fieret doctrinae Saxonicae, et Philippi quaedam fcripta *) coram,

*) Vornemlich seine Loci theologici.

ram eo legerentur, quorum dilucida expofitione et difputationibus placidis Regis uoluntas ad clementiam conuerfa ferebatur, confiderantis, et quousque effet fuperftitio progreffa, et quibus in tenebris iacuiffet obfcurata ueritas coeleftis, et quam tetri errores doctrinam difciplinamqne Ecclefiae occupaffent, uerentis etiam fortaffe, ne animaduerfionis iracundia infontes cum fontibus corriperet. — — Inculcatum autem fuerat Regi, in Germania turbarum, motuum, feditionum, caedium, uaftitatis, denique malorum omnium caufam fuiffe mutationem doctrinae Ecclefiafticae, et falfo *) pleraque coram eo narrata. Quamuis igitur minime ignoraret, ac

potius

*) Diefe eitelen und ungegründeten Befchuldigungen, mit welchen man dem König die Evangelifche Lehre verhaßt zu machen fuchte, fäffet Calvin in der Dedication zu feiner Inftitutio rel. chrift. alfo zufammen: mendacibus calumniis quotidie apud te traducimur, quod non aliorfum fpectet doctrina noftra, nifi ut Regibus fua fceptra e manibus extorqueat, tribunalia, iudiciaque omnia praecipitet, fubuertat ordines omnes et politias, pacem et quietem populi perturbet, leges omnes abroget, dominia et poffeffiones diffipet, omnia denique furfum deorfumque uoluat.

potius perfpicue uideret, quid in doctrina et ritibus ufitatis non modo uitiorum fed omnino fcelerum haereret, tamen a nouitate fimilia incommoda uel parem potius infelicitatem metuere exiftimabatur, et eosdem euentus, quos perfuafum hactenus habuiffet de innouata doctrina Ecclefiaftica extitiffe.

Auf folche Weife warb ſchon manches gute bewirkt, und der König geneigter gemacht, die Gründe der Evangelifchen anzuhören.

Dieß berichtete Sturm dem Melanchthon in einem weitläuftigen Schreiben,*) worinn er ihm den ganzen Vorgang fehr umftändlich erzählt, und ihn auf das bringenbefte bittet, felbft nach Frankreich zu reifen, weil feine Gegenwart der fernern Reformation die größten Vortheile verfchaffen würde.

Si in amicorum negotiis tibi aliquando litterae meae fuerunt gratae, fi unquam bonorum uirorum res falvas effe cupiuifti, eo maiori curae tibi hae effe debent, quo magis in communi falute et tranquillitate retinenda uerfantur. Vt enim in turbulentiffimis maximeque perni-
ciofis

*) in Hermann von der Hardt Hift. Reformat. litter. P. V. p. 194.

ciofis tempeftatibus iactamur, ex optimo et pul-
cerrimo ftatu, cuius nobis uiri prudentes autores fuerunt, in maximas calamitates et fummas
aerumnas ineptiffimorum hominum confiliis de-
lapfi fumus. Scripfi tibi fuperiori anno, quam
pulchre *) ftaremus, quam bene de Regis aequitate fperandum effet, gratulabamur tum nobis inuicem; fed eam occafionem homines fu-
riofi prope omnem abftulerunt. Per menfem
enim Octobrem, quod non fatis effe putarunt
laeta fieri principia; quod metuerunt, parum
multos fore fuarum partium, nifi aftutis, ut ipfis
uidebatur, fed ut' res indicat, ftultiffimis et feditiofiffimis rationibus regna et gentes pertur-
barent. Libellos uno tempore de ordinibus ecclefiafticis, de miffa, de euchariftia per uniuer-

fam

*) Parifiis Beda Natalis urbe pulfus eft cum aliis
quibusdam fycophantis, qui aduerfus quendam
Gerardum (Ruffum) furiofe uociferati funt, ac
feditiofe quidem. Nunc Gerardus libere docet euangelium in Lutetia. Haec certa funt,
et mihi ex Parifiis ab optimis uiris diligenter
perfcripta. Ohne Zweifel ift dieß, was Melanchthon Tom. Lugd. Epp. p. 351 fchreibt, aus einem
Brief Sturms genommen.

fam fere Galliam noɕe in omnibus angulis affi-
xerunt immanibus et tragicis exclamationibus,
ante Regis etiam conclaue agglutinarunt, quo
certiora et magis perniciofa pericula crearen-
tur. Nam perturbatus hac re populus, territae
multorum cogitationes, concitati magiftratus,
inflammatus Rex, grauiffima iudicia conftitue-
runt, nec immerito, fi tamen ea in re modus
feruaré poffet. Ex confciis quidam deprehenfi
poenas dederunt, quidam mature fibi confulen-
tes aufugerunt. Qui ad fe ea pericula non fpe-
ɕare putabant, qui non contaminati erant eo
fcelere, hi etiam in partem poenarum ueniunt.
Delatores et quadruplatores publice comparan-
tur, cuilibet fimul et accufatori et tefti in eadem cauffa effe licet. Non uana funt quae fcribo, et fic habeto, me nec omnia fcribere, nec
ita fcribere, ut ipfarum rerum luɕuofiffima con-
ditio requirit. Oɕodecim uftulati funt, plures capti idem fupplicium expeɕant. Serpunt
quotidie latius pericula, neque quisquam eft,
qui bonus fit, qui neque extimefcat calumnias
ac iudicia, neque dolore indigniffimorum fpe-
ɕaculorum conficiatur. Regnant aduerfarii noftri, et eo magis, quod iuftis de cauffis obti-
nuiffe

nuiffe uideantur, ut in pacandis feditiofe con-
citatis rebus regnent. In tot tantisque malis
folum haec fpes nos iam reficit. Si immṇis
ifta feueritas populo difplicere incipiat, fi Rex
intelligat, nimium fitire calamitoforum hominum
fanguinem, a quibus alieniffima effe deberet
uindiɛtae cupiditas, (odio enim magno, noń aequitate agere uidentur) fi uideat μιαιφονᴣς hominum mentes, inclinabit, ut fperamus, eius
animus et meliora capiet confilia. Eft hoc exi-
guum folatium, fed tamen non diffidimus Deum
effe, qui moderaturus fit has tempeftates, et
portum aliquem profugiumque oftendat, qui
nobis uiros bonos adhuc referuat, qui gratia et
autoritate plurimum poffunt, qui aliquando libere, quod cogitant, audebunt dicere. Huius
rei nobis iftud eft indicium. Per Langios, quorum familiam tibi notam effe credo, obtinuimus,
quo in nos, qui Germanici nominis fumus, minus odiofe animaduerteretur. Edixit Rex, ut
quicunque ex Germanis coercerentur, in re ca-
pitali una cum cauffa et aɛtis in Germaniam
quisque ad fuum Principem remittantur.*)

Præ-

*) Bis hieher ſteht dieſer Brief in Herm. von der Hardt:
das

Praeter haec etiam illud me recreat, quod fere exiſtimem, ut tu ad nos uenias, ut aliquando in tuo complexu conquiefcamus. *Barnabas Voraeus,**) quem noſti, qui tibi has litteras reddidit, quem ego tanti facio, quanti eum, cui uitam debeo, cum colleⱰis rebus meis iſtuc cogitarem, folus ut manerem, perſuaſit. Cum Rege diu de te locutus eſt, multa de tua integritate, eruditione et modeſtia praedicauit, atque ita, ut de omnibus, qui noſtris temporibus et haberentur et funt, praedicauit, non rogatus fe difcipulum tuum effe dixit, expofuit omnem uitae et religionis rationem. Libenter ea Rex audiuit, et quaſi non tunc folum tuas laudes facile admifiſſet, ita conſtituit, ut uideretur, ſi quo modo uenire uelis, te praeſentem audiat, inter uos cum paucis aliis conſtituatis, qua ratione hi tumultus componi poſſint, ut aliquando finis aliquis ſit follicitudinum et flammarum. Non

haec

das folgende habe ich aus einer alten Copie genommen.

*) Er wird auch manchmal Vocaeus geſchrieben. In *Hilarion de Coſte* parfait Eccleſiaſtique wird er genennt Barnabé de Voré ou de Vocé, Sieur de la Foſſe en Poitou.

haec fcriberem, fi non ita effe putarem, neque
quisquam me cogeret his temporibus, ut aliquid
de tuis rebus fcriberem, nifi uiderem funeftiffi-
mam earum rerum faciem corrigi poffe. Cum
enim flammas et incendia infpicio, cum confi-
dero multorum ac honeftiffimorum mifcrabiles
exitus, non poffum-communibus aerumnis atque publico dolori lachrymas non praebere.
Cum uero Regis dubitationem atque inclina-
tionem animaduerto in ifta rara et fingulari fe-
ueritate, fentio refpici a Deo calamitatibus affe-
ctas et afflictas hominum conditiones, cuius rei
quod poteft maius effe argumentum, qnam tuam
prudentiam hoc tempore requiri, quoniam nunquam magis quam nunc ueftra cauffa oppugna-
tur. Credo ego bonum natura et ingenio Principem uirum non poffe refiftere confiliis multorum impiorum, et commoueri eorum quoti-
dianis fermonibus, et tamen dolere multitudine rerum et magnitudine fuppliciorum, cupere
etiam remedium adhibere, fi quo modo poffit
huic malo. Vt enim irafcatur, iuftiffimas habet cauffas, ut uero angatur tantopere. ratio ei
et iudicium dictat. Videt in altera cauffa, quae
uetufta eft, tamen multa effe uitia, in altera,

D   quae

quae ueritate nititur, plurimum periculi a cu-
pidiffimis et feditiofiffimis hominibus. Vt igitur haec corrigantur, uult doctiffimorum effe
confilia et iudicia. Qua in re ita erga te af-
fectus eft, ut fine te negotia proponi, deligi
et conftitui firmarique non poffe exiftimet. Itaque nunc tu attentaris, ut fi quo modo ad nos
uenire uelis, Rex tibi profpiciat praefidiis et
pignoribus, ut tuto iftinc abeas, et fecure
tranquilleque ac honorifice ad tuos rebus maximis et falutaribus confectis redeas. Itaque fi
te praefentem uiderimus, fimul falutem noftram
confpiciemus. Si in his iactationibus ac turbulentiffimis tempeftatibus te aduentantem audi-
uerimus, non dubitamus nobis ftationem et portum oftendi, fed fi negligas et contemnas Regis poftulata, eadem fpes, quae nos hic reti-
nuit, in ipfis uftrinis uinctos fufpenfosque de-
tinebit. Κρεισσειων γαρ βασιλευς, et tu alioqui
nofti Regum animos. Quare cogita, te non
iam a me rogari, fed ab omnibus hominibus,
non folum ab illis, qui grauiffimo fupplicia
perpeffi funt, neque tantum, qui eundem in-
digniffimum finem metuunt, tuam praefentiam
exoptari, fed aduocari te Dei Chriftique uoce.

Itaque

Itaque depone Caefaris Regumque nomen, nec refpice utriusque gentis aut amorem aut alienationem. Cogita eorum cauffam agi, qui in flamma perniciofiffima, in incendio luctuofiffimo iactantur pro Chrifti gloria, quos etiamfi mors ipfa non territat flagrantes diuino illo igni, tamen nos illud monere debet, poffe uos haec fine fumma cura, follicitudine et lachrymis refpicere, qui in eadem naue fuimus, qui autoribus harum rerum fauemus, qui eandem cauffam fufcipimus. Quid a te requirant, et quomodo agendum fit, ex *Voraeo* cognofces, quem ob communem falutem debes amplecti. Nam nifi hic effet, nifi Epifcopus Parifienfis, nifi Langius, huius frater, vir prudentiffimus atque optimus, nifi tales uiri extitiffent, uideres Germaniam repleri exulibus. Itaque caetera ex hoc cognofces. Ego rei magnitudinem, uarietatem, pericula et indignitatem explicare non poffum. Lutetiae, pridie non. Martii, 1535.

Barnabas Vórdus, der als Abgefandter des Königs um diefe Zeit nach Deutfchland reifete, überbrachte dem Melanchthon dieß Schreiben von Sturm, und ermunterte ihn gleichfalls auf das nachdrücklichfte, diefe Bitte ia nicht abzufchlagen,

und

und verſicherte ihm ſicheres Geleit und ſelbſt Geiſ‐
ſeln. Allein noch zweifelhaft und unentſchlüſſig gab
er Sturm dieſe Antwort. *)

Cum de Gallicis rebus undique ad me lit‐
terae mitterentur, multis de cauſſis ingentem
animo dolorem accepi. Videbam enim, quan‐
tum uulꞇus acciperet cauſſa noſtra, quae certe
ad Eccleſiam pertinet, praeiudicio tanti Regis.
Dolebam eum temeritate hominum impruden‐
tium irritatum eſſe, cogitabam ſine modo graſ‐
ſaturam eſſe iracundiam, poſtquam indoctis ſe‐
mel oblata eſſet occaſio, quam cupidiſſime ex‐
pectarunt. In his curis mihi crede, mi Sturmi,
ualde de tua ſalute etiam ſollicitus fui. Quem
etſi ſcio maxime abhorrere ab omnibus abſurdis
opinionibus et ſeditioſis conſiliis, tamen in com‐
muni odio noſtrarum litterarum tibi quoque non‐
nihil periculi eſſe uerebar. Itaque cum *Bucero*
egi, daret operam, ut Auguſtam aut Tubin‐
gam accerſereris. Nunc autem hoc nomine mi‐
rabiliter me recrearunt litterae tuae, quod et de‐
clarant, te ſaluum eſſe, et ſpem quandam oſten‐
dunt, fore mitiorem Regis animum. Quod ue‐
ro me grauiſſima oratione hortaris ad iter, de
quo

*) In Melanchthons Conſil. lat. P. I. p. 221.

quo fcribis, fufcipiendum, nulla mihi unquam
in uita incidit difficilior deliberatio.

Ac nolim exiftimes me retineri domefticis
uinculis, aut pericula, defugere. Nulla mihi
res humana proponi tanta poteft, cui non ante-
feram gloriam Chrifti, falutem tot piorum, tranquillitatem Ecclefiae. Sed una cura me non
tantum exercet, fed plane excruciat. Dubito
enim, an aliquid proficere poffim. Haec me uel
dubitatio uel defperatio deterret, quamfi mihi eximere poteftis, libenter iftuc ftatim aduo-
labo, nec me terrores ulli, nec ulla uincula re-
morabuntur. Et quoniam fcribo ad amicum, et
de re maxima, agam aperte, ut decet, et cauffa
poftulat, teque rogo, ut cum amicis ipfe etiam
delibers, non quid mihi expediat, fed quid
Galliae, quid Ecclefiae profit.

Hoc caput eft deliberationis: Exiftimo
magnam paffim uarietatem opinionum, et multos effe fanaticos fpiritus, qui ferunt abfurdas
et perniciofas opiniones. Nam hinc quoque
nuper expulimus aduenam iftinc quendam,*)
qui de diuinitate Chrifti fcelerate difputabat.

Sunt

*) Vermuthlich zielt er auf Johann Campanus.

D 3

Sunt et alii feditiofi, qui ftolide tumultuantur, ubi nihil opus eft; utrosque et ipfe iudico feuere coercendos effe, et facile eft de his dare confilium. Sed funt alii quidam, qui neque impias opiniones habent, neque feditiofi funt, fed, dicam enim plane, qui modefte probant, quae a noftris pie patefacta funt. Iam fi id agatur, ut etiamfi leuiores quidam articuli nobis donentur, tamen reliqui grauiores obruantur et deleantur, ego neque cauffae publicae neque Ecclefiae profuero. Quid quod ea confilia non reddent tranquillam Galliam? fac me impetraffe, ut nemo afficiatur fupplicio, qui exuit cucullum. Quid fiet in caeteris durioribus articulis? Num iubebo interfici eos, qui non probant manifeftos abufus των λειτγργιων, aut cultus Diuorum? et hae res quantas excitent tragoedias, non ignoras. Iam in his ubi nihil impetrauero, tamen plectentur boni, et ego uidebor fuffragator et approbator talium fuppliciorum, dicent me commodius fentire, me fuiffe contentum illo leuiorum articulorum quafi munufculo, in reliquis omnibus cum ipfis effe ὁμο-ψηφον. Quod fi quaedam hic pro tempore largiar, id praeiudicium afferent in Synodum.

Nam

Nam huiusmodi multa faepe iam mihi acciderunt. Habes argumentum meae deliberationis, quod praecipue me deterret ab itinere. Iam cogita illas phalangas monachorum, et fcis, quam fint ὑπερηφανοι, et quibus artificiis teneant fafcinatos nobilium animos, fed haec me non ualde mouent. Illud unum, quod dixi, deterret me, quod uereor, ut impetrari ea poffint, quae ad gloriam Chrifti, ad tranquillitatem Ecclefiae et Galliae neceffaria effe duco. Ac plane uénio in eam fententiam. Regem fi quidem uelit confulere et gloriae Chrifti et tranquillitati Ecclefiae, fummo ftudio adhortandum effe, ut curet maturari Synodum, ubi communiter poterit iniri ratio conftituendae Ecclefiae. Caetera confilia uel inutilia, ucl etiam periculofa mihi uidentur.

Haec ita fimplici animo ad te fcribo, non tergiuerfandi cauffa, fed ut uos, quibus Gallia nota eft, cogitetis : an expediat, me fufcipere iter. Quodfi ita exiftimabitis, libenter parebo confilio et uoluntati ueftrae. Neceffe tamen erit, rem me ad Principem meum referre, quem in re tanta non defuturum effe fpero publicae utilitati. Difputabitis hoc quoque, an etiamfi non

D 4 poffint

poſſint obtineri ea, quae uolumus, proſit iam
meo congreſſu quaſi praemolliri animum ad cognitionem in Synodo. Tantum eſt enim odium
nominis noſtri *) apud aduerſarios, ut niſi aliqua Regum ſtudia habuerimus, ne cognitio
quidem ſperanda ſit. Sed totam rem tuae fidei
et prudentia committo.

Melanchthon ſchrieb auch um dieſe Zeit an
den Biſchof zu Paris Johann von Bellay, und
bat ihn, dafür zu ſorgen, daß nicht ſo grauſam
gegen alle, die nicht ganz mit der Römiſchen Kirche gleich lehren, ohne Unterſchied gewütet, und
Friede

---

*) Camerar im Leben Melanchthons p. m. 272.
In Gallia tunc nominatim Ph. Melanchthonis
nomen pronunciari auditum, inter eorum
quibus nota inurebatur grauiſſimi criminis,
quod rem eccleſiaſticam turbarent. Et ſunt
ſupplicia ſumta de compluribus, tanquam de-
ſertoribus religionis publicae, qui Lutherani
ad uulgus execranda appellatione nominaban-
tur. Fuiſſeque magis probroſum et turpe,
atque adeo perniacioſum alicui ac capitale,
ſic uocari, compertum eſt, quam parricidam
aut praedonem. Cum neque res, neque cauſſa exploraretur aut cognoſceretur, ſed ſuffi-
ceret ad condemnationem nominis infamia.

Friede und Ruhe durch seine Bemühung hergestellt werden möchte. *)

Iohanni Bellaio Langaeo Episcopo Parisiensi.

Etsi multorum litteris et praedicatione cog-
noui, Te et rectis studiis magnopere fauere, et
cupere Ecclesiae tranquillitati uera ratione con-
sulere, tamen certo consilio nihil ad te litterarum
dedi hactenus. Nunc autem in tanto communi
periculo non solius Galliae, sed uniuersae Ecclesiae totius orbis terrarum non potui me con-
tinere diutius, quin apud Te, si nihil aliud, tamen deplorarem Ecclesiae calamitates. Nam
cum regnum Gallicum longe florentissimum sit,
et, si licet dicere, caput christiani orbis, magnam uim habet exemplum praestantissimae na-
tionis. Si igitur semel apud uos decretum fuerit, non solum fanaticos spiritus aut seditiosos
coërcere, sed prorsus nullam admittere emendationem doctrinae ecclesiasticae, et praesentia uitia Ecclesiae summa ui defendere, magna de
spe boni uiri ubique gentium deiicientur, qui

D 5   quan-

*) Libro III. Epist. Mel. p. 95. und in dessen
Consil. lat. P. I. p. 219.

quanta fit autoritas Galliae, non ignorant. Sequentur enim exemplum Galliae caeterae nationes. Qua ex re quantum periculum Ecclefiae, quae caedes fecuturae fint, quae doctrinae diffipatio, quae confufio rerum, nihil opus eft apud te, uirum fapientiffimum, difputare. Itaque te propter gloriam Chrifti rogo, ut quod facis, mitigare animos Principum ftudeas, et hortator fis, ut rationem ineant, qua fanari Ecclefia poffit, non magis magisque lacerari. Iudico et ipfe, coercendos effe et fanaticos fpiritus, qui perniciofas opiniones habent, et homines feditiofos, fed quoniam abufus quidam reprehenfi funt, multi pii et docti uiri quaerunt purum doctrinae genus, non cupiditate ulla fed ftudio uerae pietatis. Ac praefertim gallica natio eximium habet pietatis ftudium. Scio fatum effe Ecclefiae, ut in tales faeuiant indocti et impii, fed tamen prudentes uiri mitigare hos impetus debent.

Vides de maximis rebus exortas effe controuerfias, quae uix poterunt armis opprimi. Ac mihi neque ad tranquillitatem Ecclefiae, neque ad auctoritatem eorum, qui praefunt, utilis uidetur iniufta faeuitia. Cumque maxime fit optan-

optandum, ut Epifcoporum auctoritas magna fit, non alia ratione id effici poffe uidetur, quam fi dent operam, ut genus doctrinae extet certum, quod fanet ambigentes animos. Ita poterunt obfiftere fanaticis fpiritibus, fi ftudia bonorum et doctorum retineant ipfi. In quam fententiam plura dicerem, nifi fcirem, te haec omnia pro tua fapientia longe melius perfpicere, quam a me dici queant. Tantum orandum Te duxi, ut complectare animo Ecclefiam, quandoquidem in ea urbe gubernas Ecclefiam, quae principem fcholam habet totius chriftianae reipublicae. Nec dubito, quin in tanto doctiffimorum hominum coetu permulti fint, qui et optime confultum uelint Ecclefiae Chrifti, et intelligant, quibus rationibus concordia recte conftitui poffit. Horum omnium oculi atque animi in te non folum tacitis uotis intuentur, fed etiam lacrimis petunt, ut auctoritate tua horteris principes uiros, ne iniufta crudelitate laceretur Ecclefia, ne opprimantur uera ftudia, ne obruatur gloria Chrifti, ne diffipentur respublicae. Nec uero tantum Gallia hoc te orat, fed etiam omnes boni et docti in uniuerfa Germania, qui et autoritatem tui muneris intelligunt, et norunt te

propter

propter excellentem doctrinam et pietatem maxime dignum effe, cui in illa celeberrima urbe
Ecclefiae gubernatio commendata fit. Ego quidem et mollire controuerfias femper conatus
fum, idemque adhuc ago, meamque fententiam
femper cum Ecclefiae, hoc eft, doctorum et bonorum ac tui fimilium iudicio coniungam. Vale.

Seckendorf in Hift. Lutheranifmi L. III. p.
109. hat aus Valentini Bauari collectione manu-
fcripta T. I. p. 258. uns einen Theil der Antwort
des Bifchofs an Melanchthon aufbewahrt. Ganz
aber fteht er in *Bulaei* Hift. Vniuerf. Parif. T. VI.
p. 257 und lautet alfo: Ex tuis litteris et eius,
qui has tibi reddidit, Foffae fermone intellexi, quo
fis in remp. chriftianam animo, in iis praefertim
rebus, quae ad coniunctionem omnium gentium
pertinent, quod noftrorum hominum nemini non
fuit apprime gratum, mihi uero etiam fupra quam
dici poteft, iucundum. Nihil eft enim, quod
tam uehementer cupiam, quam ut illa diffidia, per
quae iam diu labefactari Chrifti Ecclefia coepit,
aliquando recte componantur. In hanc pacificationem, mi Melanchthon, per Deum, quantum
potes, incumbe, habebis confentientes omnes bonos, in his fummae autoritatis hominem hunc,

Fran-

Francifcum Regem, cum titulis: ac nomine, tum
uero, quod ego longe pluris facio, reipfa Chri-
ſtianiſſimum, cum quo ſi femel ueſtra conſilia mature contuleritis, quod fore breui uideo, nihil
eſt, quod de ueſtro congreſſu non ſperem. Faciat Deus, ut quam Romae interim, quo nunc
propero, operam cogito, eandem utrobique prae-
ſtare poſſim. Sed nunc ducunt, qui id muneris
grauiter exequantur. Reliqua ex hoc Foſſa eodem
tuo et eodem noſtro cognoſces. Curabo, ut quam
de me ſentio me excitaſſe apud te boni expecta-
tionem, eam Dei benignitate fretus uidear ſuſti-
nuiſſe. Vale ex Fanu Quintini die 27 menſis Iul.
(Iun.) 1535. Tuus ex animo, Cardinalis Bellaius.

Aber auch des Biſchofs Bruder, Wilhelm
von Bellay, ſuchte den Melanchthon (ex Coc-
ceio, d. 16 Iul.) durch ein Schreiben zu bewegen,
ſeine Reiſe nach Frankreich anzutretten, und ant-
wortet auf alle ſeine Zweifel, die ihn bisher davon abgehalten haben, alſo: Expoſui haec amicis meis, quorum communis cauſſa agitur, litteras etiam tuas atque *Buceri* *) dedi ut legerent.
Video

---

*) Auch dieſer fertigte mit Capito ein Bedenken
in dieſer Vereinigungsſache nach Frankreich, das
aber

Video enim hoc periculum etiam ad me fpectare,
nec quicquam uelim accidere, quod te indignum
effet, et quod euangelii cauffam et Chrifti gloriam
perturbaret. Itaque priores etiam litteras, quas
accepifti, Langaeus (Cardinalis) uidit, antequam
mitterentur, ut ne quid fcriberem, quod non pro-
baretur, et alienum effet a Regis uoluntate. Hierauf führt er einiges von den Reden feines Bru-
bers an, von dem Ort des Concilli, und fchreibt
enblich von bem König: Intelliges, eum neque a
dogmatis ueftris, maximopere effe alienum, nam
eadem mihi Langaeus tum conftanter affirmabat;
fed iam apud Regem eft. Er zeigte überbieß noch
an, baß bie Unterredung mit bem König geheim
angeftellt werben würbe, bamit er feinem Reich
befto ficherer helfen, unb mit weniger Gefahr ben
Zuftanb ber Kirche beffern fönnte. Er entfchul-
bigt bie Hinrichtung, bie, nicht fromme, fonbern
folche, bie er felbft für ftraffällig halten würbe,
betrof-

aber bem eifrigen Zwick gar nicht gefallen wolte,
weil auch er, wie Melanchthon, bem Pabft unb
ben Bifchöffen zu groffe Gewalt barinn eingeräu-
met haben folte. Zwickens Brief an Bucer unb
beffen Vertheidigung bagegen findet man in Hot-
tingers Hift. Ecclef. T. VII. P. III. p. 666
fqq.

betroffen. Er bittet nochmals ia zu kommen, um
den König nicht zu erbittern, der schon das Schreiben an ihn mit eigner Hand gesiegelt, das er von
dem Gesandten, mit dem er sicher reisen könnte,
erhalten würde. Dann setzt er mit hinzu: Ego
ita exiftimo, fi haec occafio ante annos decem
oblata ｢effet, libenter arripuiffetis. Multum eft
enim, ultro uocare, fauere, adiuuare, quantum licet nondum cognita cauffa, nam fi cognouit, minus eft periculi. Quare obfuturum eft plurimum,
fi Rex credat, aut fibi fidem non haberi, aut
uos doctrinae ueftrae parum fidere. Nam in eam
partem interpretaturi funt adverfarii; quanquam
in ea fim fententia, ut exiftimem, prope neceffarium effe religioni et Galliae, ut regiae expecta-
tioni fatisfacias. Non enim eft, quod metuas
iniquorum hominum potentiam, qui pro Chrifti
gloria quicquam fibi detrahi inuiti patientur.
Rex ingenio eft per fe acuto et prudenti, et natura facilis, et libenter admittit rationes, et hi
ipfi, ut ex Langaeo audiui, tuos articulos, quos
mififti, prope magno confenfu approbarunt, et
pauca quaedam attexuerunt. Credo, fi adeffes, fi
praefens Regi per interpretem loquereris, et rationes ueftras exponeres, mirabiliter eum inflam-
mares.

mares. Multum ualet bona de aliquo exiſtimatio, antequam cauſſa optima cognoſcatur, et magis ad Chriſtum intelligatur pertinere. Neque enim ſic debes cogitare, diſſimulanda quaedam eſſe in hoc principio, quaedam concedenda. Imo Rex tuam fortitudinem in rebus grauibus magis laudaturus eſt, quam declinationem. Itaque te adhortor, atque per Chriſtum obteſtor, occaſionem rei gerendae inter mortales omnium pulcherrimae ne deferas. Reliqua ex Voraeo iam in Germaniam reuertente intelliges *) etc.

Bloß ein Fragment dieſes Briefs ſteht in der Manliußſchen Brieffammlung Melanchthons p. 166 vom 16 Junius, welches Datum auch richtiger iſt, als das von Seckendorf angegebene, der 16 Julius, und alſo lautet:

Langaeus Epiſcopus Pariſienſis Philippo Melanchthoni S. D.

Barnabas Voraeus, qui nunc ad te cum litteris et mandatis regiis reuertitur, hic eſt de rebus omnibus, quae ad ſuſceptam a te pacificationem attinent, ampliſſime edoſtus, mihi ut ſuperuacaneum uideatur, aliquid ſcribere. Itaque

*) S. *Seckendorf.* L. III. p. 109.

que te adhortor, atque per Chriſtum obteſtor, occaſionem rei gerendae inter mortales omnium pulcherrimae ne differas. Vale, ex oppido N., die 16 Iunii, 1535.

Voraus erſchien nun endlich ſelbſt, und überbrachte dem Melanchthon das Schreiben des Königs. Es war dieß der 4 Auguſt, denn den Tag darauf, Non. Auguſt. ſchrieb er an Camerat p. 247. Heri allatae ſunt mihi ex Gallia litterae, in his ſunt ab ipſo Rege ad me. Quare noua nunc obiicitur mihi deliberatio, ſi hic ſeceſſus non incidiſſet, ſine ulla dubitatione irem in Galliam. Nunc me quaedam officii ratio hic alligat. Nam Profeſſores hic pauculi ſumus, et ἄνευ ἀξιώματοσ. Sed quid faſturus ſim, ſcies.

Schon vorher, nemlich den 23 May, überſchickte Melanchthon dem Camerar einige Briefe, die er aus Frankreich erhalten, mit dieſer Bemerkung p. 242. Vt mittam aliquid, quod deleſtet etiam, ecce litteras ad me e Gallia miſſas, ex quibus ſtatum rerum Gallicarum aliqua ex parte cognoſcere poteris. Sine tuo conſilio nihil faciam, ſi fuero euocatus. *Budaeum* aiunt admodum aequum eſſe nobis, quod ſane optarim rei publicae cauſſa. Scripſi diligenter ad Pariſienſem

E   Epiſco-

66

Epifcopum, et quosdam alios. Exempla litterarum afferent Sebaldus et Cruciger.

Der Brief *) des Königs ift folgenden Inhalts:

Francifcus Dei gratia Francorum Rex dilecto noftro Philippo Melanchthoni S. D.

Singulare tuum ad fedandas eas, quae in doctrinam Chriftianam inuectae funt altercationes, ftudium intellexeram antea quidem ex *Guilielmo Bellaio Langaeo*, cubiculario atque confiliario noftro, quo ego praecipue fum ufus

ad

*) Er befindet fich Libro I. Epift. Melanchthonis p. 70. in deffen Conf. lat. P. I. p. 218. in der Manliusfchen Brieffammlung Mel. p. 38 wo er aber unterfchrieben ift: ex oppido Brukeo die 23 Iunii, und eben fo in *Bulnei* Hift. Vniuerf. Parif. T. VI. p. 256. der noch vor diefem Brief fagt: ut qualicunque modo pax in Ecclefia et religione firmaretur, Rex Phil. Melanchthonem magni tum nominis et famae uirum inuitauit ad difputationem cum Sorboniftis datis ad eum litteris etc. *Varillas* in l' Hiftoire des revolutions T. II. p. 321 fagt: L' Eveque de Senlis, Confesfeur de fa Majefté fut foupçonné d'en avoir eté l' Auteur et le Secretaire.

ad eam rem adminiftro et interprete : nunc uero ex litteris ad eum tuis, et fermone redeuntis a te *Barnabae Vorei Foffae*, intellexi, te etiam hoc laboris perlibenti animo fufcepturum, ut ad nos primo quoque tempore te conferas, deque uniono doctrinarum cum felectis aliquot noftratibus Doctoribus hic apud nos coram differas, atque rationes ineas, quo refarciri poffit pulcerrima illa Ecclefiafticae politiae harmonia, qua una re cum ego mihi nihil unquam quicquam maiori cura, ftudio et folicitudine animi complectendum effe duxerim, committere nolui, quin hunc ftatim *Voreum Foffam* ad te dimitterem, cum his uelut publicae fidei obfidibus litteris : obteftarer etiam, abduci te ullius perfuafione ut ne finas ab hoc pio fanctoque inftituto. Venies omnino mihi gratiffimus, feu priuato tuo, feu publico ueftrorum nomine, adueneris, meque re ipfa experieris, et priuatim ueftrae Germaniae dignitatis, et publicae in uniuerfum quietis ante omnia effe, atque adhuc femper fuiffe, ftudiofiffimum. Vale, ex oppido Guife, die 28 Iunii, Anno 1535.

Ohne

Ohne allen Grund wollen einige die würk-
liche Absendung dieses Briefs abläugnen, weil sie
sich einbilden, es gereiche zum Nachtheil der Ehre und der Rechtglaubigkeit des Königes. Re-
mond, viele andere und auch Daniel selbst in
der Geschichte Frankreichs Th. VIII. S. 425. thun
dieses. Ersterer schreibt im siebenden Theil vom
Ursprung der Ketzereyen S. 282. Die Königin
von Navarra unterließ nicht, den König dahin
zu bewegen, daß er verwilligte, den heiligen
Mann Phil. Melanchthon anzuhören, aber der
Cardinal Tournon verfügte sich zu ihm, und gab
ihm zu verstehen, wie gefährlich es sey, mit dergleichen Ketzern viel zu reden, und was ihm solches für ein böses Nachgedenken bey Päbstlicher
Heiligkeit gebähren würde. Hiedurch ward der König bewegt, sein Vorhaben und die allbereit dem
Melanchthon ertheilte Paßbriefe einzustellen, in
den Grenzen der Kirche zu bleiben, und des Aus-
schlags eines allgemeinen Concilii zu erwarten.
Fürwahr zu befürchten wäre es gewesen, daß
wofern Melanchthon gekommen wäre, er als ein
subtiler Sophist und Schwätzer durch seine sitt-
same Geberden und falsche Andacht viel böses ge-
stiftet haben würde, zumal weil der König allbereit eine grosse Lust zu der Communion in beiderley

ley Gestalten empfangen, und deswegen mit dem
Pabst Clemens geredet hatte.

Daniel aber kleidet diese wahre Legende so
ein: Einige Zeit nachher war der König einem
Fallstrick der Neulinge entgangen. Dieß Glück
hatte er der weisen Standhaftigkeit des Cardinals
von Tournon zu danken, der ihm bey dieser Gelegenheit auf eine seinem Character sehr anstän-
dige Weise zuredete. Die Königin Margaretha
von Navarra, des Königs Schwester, eine Fürstin von ungemeinem Verstand, stolz auf ihre Ein-
sichten in der Lehre, und daher gegen die Neu-
erungen in der Religion weit empfindlicher, hatte die geschicktesten und scharfsinnigsten Köpfe der
schlimmen Parthey an ihrem Hofe. Sie hörte die-
selben über verschiedene Puncte des Streits mit den
Katholicken und der neuen Lehrer mit aufmerksamen
Vergnügen. Auf deren Antrieb bat sie dem König, daß er einmal den Melanchthon vor sich
lassen möge, dessen Ruhm wegen seines durch-
bringenden Verstandes, Sittsamkeit, und Fähig-
keiten bey der Seite (Parthey) ungemein groß
war. Sie nahm den Vorwand daher, weil er
ein sehr bescheidener Mann sey, der Lutheri und
der andern von ihrem Anhang heftiges Wesen

E 3

offen-

offenbar mißbilligte; er würde also fähig seyn,
seyn, einen mildern Weg zu finden, die Gemü-
ther zu lenken, und in seinen Unterredungen mit
den Lehrern zu Paris die meisten Streitfragen güt-
lich beylegen zu können. Diese Fürstin wuste des
Königs Gemüth dergestalt zu lenken, daß er in
seinem Namen an Melanchthon schreiben, und denselben nach Paris zu kommen ersuchen lassen wolte, als der Cardinal von Tournon, der die ge-
fährlichen Folgen dieses Betragens voraus sahe,
zu dem König kam, ihm die unter diesem schönen Schein verborgenen Ränke der ketzerischen
Rotte vor Augen mahlte, ihm vorsagte, es wäre
das ein gewisses Mittel, die Ketzerey an den Hof
zu bringen. Melanchthon würde nicht so bald da-
selbst erscheinen, so würde seine Lehre Beyfall,
und unter den Lehrern zu Paris selbst Anhänger
finden. Ihre Maj. könnten ohne Verletzung ihres Gewissens mit diesem Leuten keinen Umgang
haben. Dieß wuste er ihm so lebhaft einzureden,
daß er seinen Vorsatz änderte, und sich nachher
vor solchen Nachstellungen hütete.*)

Vo-

*) Auch in der allgemeinen Geschichte der bekannten
Staaten B. VII. S. 380 wird dieß nemliche
wieder-

Varillas l. c. p. 321 der mehr Roman = als Geſchichtſchreiber iſt, ſagt ſogar, man habe ge= ſucht, den Melanchthon als königlichen Profeſſor nach Paris mit einem jährlichen Gehalt von 1200 Thalern zu bringen; — — S' il ſeroit d' humeur à changer ſa chaire de Theologie dans l' Vni= verſité de Vittemberg, qui ne lui rapportoit, que deux cens écus par an, en un chaire de Profeſſeur royal dans l' Vniverſité de Paris à douze cens écus d' appointement. L' attrait etoit charmant pour un homme ſans aucun bien, et chargé de fa= mille comme Melancton. Cependant il repondit, qu' il etoit content de ſa condition, et qu' il n' avoit aucun deſir de la changer pour une meil= leüre: que la liberalité du Roy trés chrétienne ne le tentoit point; mais qu' il etoit ſenſiblement touché par l' honneur, que ſa Majeſté lui faiſoit de penſer à lui, et plus encore par l' occaſion,

E 4   qui

wiederholt, und hinzugeſetzt: Man ließ alſo dem Melanchthon wieder wiſſen daß man ihn der Mühe nach Frankreich zu reiſen, überheben wollte. Noch andere ſagen, der König habe auf des Kar= dinals Tournon Zureden den Brief an Melanchthon zerriſſen, da er ſchon zugeſiegelt geweſen. Sa= lig Hiſt. der A. C. Th. II. S. 242.

qui lui etoit offerte de travailler plus utilement
à l'execution de fon grand deffein de retablir l'
unité dans l' Eglife. Qu' il étoit prêt pour cela
non feulement de changer de pais, mais encore
de perdre la vie; mais qu' etant né fujet de l'
Electeur de Saxe (Varillas wußte alfo gar nicht
einmal, daß Melanchthon zu Bretten in der Pfalz
gebohren) et lui ayant d' ailleurs l' obligation de
fon etabliffement et de fa fubfiftance durant tant d'
années, il ne fortiroit de fes etats, que par fon
ordre. Eben fo falfch ift das folgende: L' electeur de Saxe n' eut pas plutot appris, que le
Roy lui damandoit Melancton, qu' il f' imagina,
qu' il ne tenoit plus qu' à cela, que toute la
France ne devint Lutherienne. Il ne delibera pas
un inftant fur la demande, qu' on lui faifoit, et
il ne fe contenta pas de ceder un homme, dont
il croyoit avoir encore beaucoup affaire. Il l'
exhorta de plus à fe mettre promptement en che-
min. Gerade das Gegentheil fagt uns die Ge-
fchichte.

Eben fo ungegründet waren die nachtheiligen
Gerüchte, die man damals von dem Königlichen
Abgefandten, Barnabas Voräus, der dem Melanchthon den Brief des Königs überbrachte, aus-
ftreuete.

streuete. Frick in dem deutschen Seckendorf führt
unter andern ungedruckten Briefen auch einen von
dem Augspurgischen D. Gercon Sayler an D.
Luthern an, der ihm unter andern S. 1497. um
den Melanchthon von seiner Reise nach Frankreich
abzuhalten, folgendes schreibt:

Man weiß wol, daß der König nicht viel
nach der Religion und Erbarkeit fragt, und gilt
ihm gleich, welches Theil recht oder unrecht lehrt,
sondern ist ihm darum zu thun, daß er beides
dem Pabst heuchle, als wolt er die Päbstliche
Religion vertheidigen, und auch denen deutschen
das Maul schmiere, mit dem Schein, als wolt
er sie bey dem Glauben und Freiheit schützen,
und sie also an sich ziehen, daß sie dem Kay=
ser abfällig werden, oder je stille seyn, und nichts
wider ihn helfen, damit er indeß sein Fürneh=
men erhalten möge, nemlich den Kayser zu drü=
cken, den er ietzt fürchten muß, und Welschland
wieder zu erregen. Dieß ist sein Gemüth und
Meinung, welche er schmücket mit dem Schein,
als wolt er eine Concordia der Religion ma=
chen. — — —

Man könne auch hieraus sehen, wie schlech=
ter Ernst bey dieser Sache sey, weil der König

E 5   einen

einen so treflichen Legaten geschickt, Melanchthonem abzuholen, der in Frankreich so gar keines
Ansehens sey, daß alle Kaufleute, so in Frankreich handeln, nicht zwanzig Kronen auf ihn wen-
deten, daß er ihnen etwas ausrichten solte, dazu
gebe der König Melanchthoni keine bessere Ver-
sicherung, als bloße Schrift, und diesen Barnabam. Ich halte aber, die Juden würden selbst
nimmermehr diesen Barnabam (Barrabam) ruffen, ihnen zu geben, wenn sie ihn auch mit einem Heller wüsten zu lösen.

Allein durch diese Gerüchte ließ sich Melanchthon nicht abhalten. Er wuste allzuwol, daß
solche ohne allen Grund und bloße Verleumdun-
gen wären, und er hatte Voräum schon vor einigen Jahren kennen lernen, da er zu Wittenberg
wahrscheinlich den Studien obgelegen, wie aus
den Worten des Briefs Sturms an Melanchthon
erhellet: Barnabam Voraeum nosti, qui non rogatus se discipulum tuum esse Regi dixit etc. und
Melanchthon selbst nennt ihn in dem Schreiben
an Bellay uirum optimum et fidelissimum. *) Camerat

*) Daß er kein so unbedeutender Mann gewesen seyn
könne, erhellet auch daraus, daß ein Bruder Vo-
räi,

merar im Leben Mel p. 149 ſchreibt daher: Non
eum reſpectus ad ſe aut ſuos, non longinquitas
loci, non periculorum metus morabatur uerum
cum nihil eſſet prius illi neque antiquius gloria
filii D. D. N. J. C. tot piorum bonorumque ſalute et incolumitate, tranquillitate Ecclefiae tantis
procellis infeſtae - parato promtoque erat animo
ad ſuſcipiendum iter. —

Da nun Melanchthon die ganze Sache hin
und her reiflich überdacht, auch ſeine vertraute-
ſten Freunde, deren Urtheil bey ihm viel vermochte, zu Rath gezogen hatte, und er ſelbſt die an-
genehme Hofnung ſchöpfte, daß ſeine Reiſe nach
Frankreich, und eine Unterredung mit dem Könige
vieles zur Beförderung der guten Sache beytra-
gen könnte, ſo glaubte er nach ſeinem guten Herzen die Bitte ſo vieler Menſchen nicht wol abſchla-
gen zu können, und faßte würklich den Entſchluß,
dieſe beſchwerliche Reiſe im Namen Gottes anzutretten.

Jedoch

râi, Johann Soſſanus, im J. 1540 als Ge-
ſandter des Königs an den Landgrafen in Heſſen
geſchickt wurde. S. *Seckendorfi* comm. de Lu-
theraniſmo L. III. p. 259.

Jedoch hielt er es für seine Pflicht, noch vorher seinen Fürsten um Erlaubniß zu ersuchen, da er wenigstens unter drey Monaten nicht wieder zurückkommen würde. Das in dieser Absicht an Churfürst Johann Friedrich erlassene Schreiben*) ist folgenden Inhalts:

———————————————

Durchlauchtigster Hochgebohrner Fürst und Herr. E. C. G. sind meine arme Dienste in Unterthänigkeit zuvor. Gnädigster Fürst und Herr. Nachdem im vergangenen Jahr etliche, als nemlich 18 in Frankreich zu Paris von wegen der Religion verbrannt sind, und viel gefangen und entwichen, und sich des Bischofs zu Paris Bruder neben etlichen andern beflissen, den König zur Lindigkeit zu wenden, hat gedachter des Bischofs Bruder an mich geschrieben, und schreiben lassen, daß der König von dieser Religionssache mit uns zu reden geneigt, und wäre derohalben der Verfolgung ein Stillstand gemacht, laut derselbigen Schriften, die denn meine günstige Herren, D. Martinus und D. Brück, gelesen; darauf gedachter des Bischofs Bruder gebeten, ich wolte einen Ritt in Frankreich thun. Dem ich also geantwortet habe auf ihr heftig Schreiben, daß ich aus
vielen

(* Im XVIIten Theil der Werke Luthers S. 384.

vielen Urfachen beforgte, ob ich gleich zu diefen Sachen gefordert würde, fo wäre doch der Gegentheil fo mächtig und gewaltig, daß ich wenig ausrichten würde. Jedoch habe ich endlich befchloffen, daß ich gleichwol mich erboten wolte haben, fo fie es dafür halten würden, daß es fruchtbar fenn folte, dem König und ihnen zu Willen zu fenn, doch mit E. C. G. Erlaubnis, und fo ich des Königs Geleit hätte. Ich habe auch neulich gefchrieben, daß ich als für meine Perfon folches thun wollte, und habe E. C. G. oder andere Stände nicht hiemit befchweren wollen. Darauf hat nun der König mir fein Geleit zugefchickt und begehrt, daß ich kommen foll.

Wiewol ich nun von den Briefen allerlen difputiren könnte, gleichwol dieweil es das Anfehen hat, daß ich mich zum Theil erboten. Denn fo ichs ausfchlüge, wolte angefehen werden, als für eine Verachtung, oder als hätte ich der Sachen Scheu. Item daß es von gedachtem dem Bifchof zu Paris und feinem Bruder zur Linderung practicirt ift, wolte ich diefen Ritt im Namen Gottes thun, fo mir E. C. G. gnädig erlaubte, für meine Perfon als privata perfona. Denn ia wahr ift, daß man diefen groffen wichtigen

Han-

Handel der Religion den grossen Potentaten und
fremden Nationen so viel möglich einbilden muß,
daß sie doch anfahen, diese Lehre zu hören, und
nicht zugleich verdammen Anabaptisten und uns.
Wie uns denn unsere Feinde alle gleich halten,
und den fremden Nationen vormahlen. Dieß allein ist mein Bedenken, und suche hierinn nichts anders. Und wiewol meiner Person geringes Ansehen auch Ungeschicklichkeit wol erkenne, so bewegt
mich doch, daß die Feinde, so ich nicht erscheine,
solches deuten werden, als hätte ich der Sachen
Scheu, und vielleicht den Leuten, so solches ge-
trieben haben zur Linderung der Verfolgung, auch
gegen den König verweislich seyn möchte. Wie
denn bereits ein anderer Geschickter sich hat ver-
nehmen lassen, er wolte nicht in Frankreich wieder kommen, so ich nicht mitzöge.

Dieß alles beweget mich, wiewol ich auch
hierinn viel Beschwerung und Sorge habe, daß ich
gleichwol die Sache an E. E. G. unterthäniglich
gelangen lasse, und bitte, E. E. G. wolte dem Handel gnädiglich nachdenken, und so es für unschäd-
lich geachtet wurde, mir für meine Person gnädiglich zwey oder drey Monate erlauben aufs
längste.

Ich

Ich habe mit D. Caspar Creutzigern geredet, der wird die weil zu Jena *) desto mehr Fleiß und Arbeit haben. Dazu habe ich auch durch andere die Lection für die Jugend, auch die Lection M. Francisci bestellet, und stelle solches zu E. C. G. gnädigem Bedenken. Gott bewahre E. C. G. gnädiglich allezeit.

Datum Torgau, 1535.

E. C. G.

unterthänigster
Philippus Melanchthon.

Auch selbst **Luther** legte ein Fürbittschreiben **) bey dem Churfürsten ein, um ihn desto ehender zur Einwilligung in diese Reise, die auch er als nöthig und heilsam erkennt, zu bewegen. Dieses lautet also:

Gnad und Friede mit meinem Pater noster. Durchl. Hochgeb. Fürst, gnädiger Herr, ich bitt ganz unterthäniglich und aufs höchste, E. C. G. wollen M. Philippo im Namen Gottes erlauben in Frankreich zu ziehen. Zu solcher Bitt bewo-

*) Die Akademie war damals der Pest wegen von Wittenberg nach Jena verlegt.

) in **Melanchthons Deutschen Bedenken S. 5.

bewogen mich der ehrlichen und frommen Leute klägliche Schriften, so dem Feuer kaum entgangen sind, und auf M. Philipps Zukunft den König mit allem Fleiß dahin bracht, daß des Mordens und Brennens ein Ende worden ist. Solt nun den guten Leuten ihr Trost fehlen, möchten die Bluthunde Ursach gewinnen, die Sache mehr zu verbittern, und mit brennen und wüten weiter fahren, daß ich achte, M. Philipps kan fast nicht wol mit gutem Gewissen sie in solchen Nöthen lassen, und sie ihres herzlichen nöthigen Trosts berauben, ohn was Argwohns der König selbst und die Seinen schöpfen würden, vielleicht auch von uns allen, weil er auf M. Philipps Zusagen so gnädiglich selbst schreibt und Botschaft schickt. E. C. G. wollen es auf Gottes Gnade die drey Monat M. Philipps wagen lassen, wer weiß, was Gott thun will, welches Gedanken sind je allezeit höher und besser, denn die unsern, so wäre mir auch für meine Person leid, daß so viel frommer Herzen, die M. Philipps kläglich ruffen und gewißlich sein warten, solten beraubt werden; auch vielleicht viel andere böse Gedanken von uns fassen, Bitt derohalben noch einmal, E. C. G. wollen solche Bitt M. Philipps gnädiglich erhören,

und

und nicht abschlagen. Unser Gebet ist ohne das
E. C. G. für Gott täglich erboten, dazu auch im
fleissigen Werk. Derselbe stärke und leite E. C. G.
mit seinem heiligen Geist zu seinem gnädigen guten Willen, Amen. Dienstags nach Assumtionis
1535.

Allein diese beiden Schreiben machten bey
dem Churfürsten keinen Eindruck. Er befahl vielmehr dem Melanchthon, die Reise zu unterlassen,
in einer solchen Antwort, deren Inhalt so viel un-
angenehmes und kränkendes für Melanchthon ent-
hielt, daß sich dieser gute Mann hierüber sehr
grämte. Er äussert daher in allen seinem Briefen, die er damals an seine vertraute Freunde
schrieb, sein gerechtes Mißvergnügen. An Justus Jonas (L. V. Epp. p. 85) schreibt er: Ex-
curri ex Thuringia in aulam, ut peterem commeatum profecturus in Galliam. Sed Princeps adhuc
quidem concedere noluit. Aulica quaedam my-
steria, uel potius odia sunt, de quibus coram.
Ego iter Gallicum non expeto, sed scis, quanti
fieri uelint Reges suas litteras. Putabit se deludi,
si non ueniam. Erunt et hi nostri amici, qui
polliciti sunt de meo aduentu, in aliquo periculo.
Haec me mouent, sed coram breui omnia, si non

F   iero.

iero in Galliam. Eben tafelbft p. 84. Gallicum iter omifi libenter, ac facile pasfus fum mihi non dari commeatum; fed poterat Princeps negare fine contumelia, quam uides eiusmodi effe, ut ab ingenuo homine diffimulari non debeat. Itaque refpondere conftitui. Verum id hactenus diftuli, non folum, quod impeditus effem aliis occupationibus, fed, ne interpretarentur, me admodum dolere, quod commeatum non dederint, neue impotentia animi, fi quid fcriberem durius; potius quam confulto me dixiffe iudicarent. Si quid erat, de quo mecum expoftulandum putabant, poterant fine contumelia et grauiter facere: nunc iftae litterae plene ὕβρεως, quantum deceant eos, tibi iudicandum relinquo. Quae mea fuerit fedulitas, qualis opera, nihil opus eft commemorare. Certe non alio fpectarunt mea ftudia omnia, nifi ut pro uirili ornarem fcholam, et quantum poffem, pro mea tenuitate prodeffe Ecclefiae. Fortaffis Deus alium mihi nidulum dabit, fi iftinc expellor.

Auch felbft Luthern misfiel dieß Bezeigen des Churfürften, und er bedauert den Melanchthon in einem Brief (in der Manliusfchen Brieffamml. Mel. p. 459. an ihn alfo: Scribe mihi, an deuoraueris litteras iftas Principis, quibus, ut fcripfi,

fcripfi, uehementer fui tua caufa. perturbatus. An
Juſtus Jonas: (in der Schützischen Brieffammlung
ungebruckter Briefe Luthers B. II. S. 345) M.
Philippus uocatus a Rege Franciae eſt, et etiam
me confule libens proficiſceretur, nedum id a
Principe impetrare potuit, fubindignabundus hinc
diſceffit ad Ihenam. Quid futurum fit, ignoro. An
eben denſelben (loc. cit. p. 350) Litteras Principis ad Philippum legi, ſed parum laeto corde,
quod ſciam, Philippum uehementer perturbatum
iri tam ſeueris litteris. Et cogito uana, quae utinam non cogitarem. Alias plura, quia ſubtriſtior
fui.

In einem Brief an Camerar p. 248 gibt Melanchthon die Urſache an, warum der Churfürſt
ihn ſo ungnädig behandelt: Ego magno in periculo uerſor. Scis me tibi faepe queſtum eſſe de
certis rebus, quae me angerent maxime. Και
ὁτι τινες ὡς ἡκιςα ἐχρην, ἁ πανυ ςεργειν δοκοιεν
την ἡμετεραν ἁπλοτητα, ὁτι τολμωην περι ενιων
ἡττον ἀκριβολογεισθαι (et quod quidam, quos
minime oportebat, non admodum boni confulere
uiderentur fimplicitatem noſtram, quod auderem
de qnibusdam minus curiofe uerba facere.) Genus
illud hominum noſti, quorum ut uidetur, odium
F 2   erupit

erupit aliqua ex parte iam in Gallico negotio. Equidem libenter uito congreſſus Gallicos, nec aliter promiſi, niſi permittente Principe, ſed Princeps commeatum negat, et ita reſpondet, ut uereri cogar, animum illius ſermonibus maleuolorum a me redditum alieniorem, etſi ſane de optimo Principe, ut mihi perſpectus eſt, nunc etiam melius ſpero; ſed noſti illud, γλωσσα ποι πορευη; (lingua quo uadis?) Omiſi igitur Gallicum iter, ne de meo officio, ullo modo queri poſſent. Nunc reliquum eſt, ut etiam Principi reſpondeam, ac me purgem. Id conſtitui grauiter facere, ita ut ſimul de meis conſiliis ac de iudicio doctrinae ſcribam, neque quicquam uel diſſimulabo uel celabo uoluntatis et ſententiae meae, uolo enim perpetuo iſtas plagas ferre. Nullus fere annus mihi abiit ſine aliquo huiusmodi periculo. Poſſem multa et mira commemorare, quae ego mea diſſimulatione et patientia ſanaui.

Im Leben Melanchthons gedenket auch Camerar dieſer Sache p. m. 152 und gibt dieſe Urſache zur Verweigerung ſeiner vorgehabten Reiſe an: Vt ueniam hanc ei Princeps ipſius daret, et poteſtatem cum bona gratia ſe illo tempore conferendi faceret, impetrari non potuit. Cum alia autem ob-
ſtare

ftare uifa funt, tum non minimo imped'm:nto fuit
bellum, quod Rex Galliae aduerfus Imp. Carolum
non meditari aut moliri, fed iam mouere et gerere
ferebatur. Cognitum quoque eft, maleuolorum
quorundam obtrectatione optimi et praeftantiffimi
Principis animum ad quandam haefitationem fuiffe
perductum, ut nonnihil Philippo diffideret. Itaque
denegans et plane praecidens petenti Philippo co-
piam fibi clementiffimam fieri in Galliam ueniendi
litteras mifit ad eum uerbofe et feuere fcriptas.
In quibus hoc potiffimum mouit Philippum, et a
confilio itineris Gallici deterruit, quod oftendeba-
tur, uerendum effe, ne ifta profectione non modo nihil fructuofe perficeretur, fed ne detrimenta
maiora acciperentur, et caufae darentur, quibus
de caufis publica Germaniae quies turbaretur,
neue adeo ipfius Principis quaedam negotia red-
derentur difficiliora.

Doch wir wollen nun auch den Inhalt des
Churfürstlichen Schreibens, *) das dem Melanchthon so empfindlich auffiel, und die Gründe der
Verweigerung enthält, beyfügen. Der Churfürst
hat solche selbst mit eigner Hand aufgesetzt, und
seinem

*) Siehe Seckendorfii comment. de Lutheranif-
mo L. III. p. 109.

F 3

feinem Kanzler Brück aus denselben ein Rescript
zu fertigen befohlen. Es ist vom 30 Aug. und
lautet also:

Der Churfürst hätte nicht erwartet, daß Melanchthon sich weder mit der letzt gegebenen Antwort nicht solte genügen lassen, noch die angeführ-
ten Ursachen gebührend erwogen haben. Denn daß
er ietzo spreche, er habe sich zu solcher Reise erboten, gefallen S. C. G. nicht, ohne deren Erlaubnis er solch Erbieten nicht habe thun sollen. Er
wisse ia wol, wie es der Zeit zwischen Kaif. Maj.
und dem König in Frankreich siehe, und was ein
Churfürst zu bedenken habe. Es habe zwar S.
C. G. genug bezeuget, wie begierig sie seyn, auch
bey andern Nationen das Evangelium zu fördern,
es sey aber ungewiß, was bey den Franzosen gu-
tes zu hoffen, zumal ihre Schriften eine widrige
Hofnung machen; indessen sey die Gefahr, daß der
Friede in Deutschland noth leiden möchte, gewiß,
wo man sich nach der Franzosen Rathschlägen richte. S. C. G. seyen im Begrif, zu Bevestigung des
Friedens zu König Ferdinando zu reisen, da dann
leicht zu erachten, wie sie ankommen würden, wo
Kön. Maj. vernehme, daß Melanchthon der vornehmste von den Sächsischen Theologen zu dero und
beson-

befonders Kaif. Maj. Haubtfeind gereifet. Man
habe auch zu bedenken, was der Kayfer und die
Stände davon halten würden, wo fie hörten, daß
man bey den auswärtigen geftehe, die Religions-
ftrittigkeiten können wol alfo beiderfeits gebultet
werden, daß kein Theil den andern verdammen
folle. *) Diefes habe man in den Handlungen
mit den Gegentheil nicht zugegeben, obgleich folches der Refpect gegen den Kayfer, die Freund-
fchaft mit den Stänben des andern Theils, und die
Liebe zum Frieden zu rathen gefchienen. Daher
habe man zu Augfpurg fich nicht vergleichen können, welches leicht gefchehen wäre, wenn man
z. E. die Communion unter einer und beiderley
Geftalt zugleich ohne Unterfchied zugelaffen hätte,
allein wegen diefes einigen Artickels fey die Ver-
gleichung unterbrochen worden.

Es wiffe nun jedermann, wie Melanchthons
Artickel durchgezogen worden, mit groffen Schimpf
der Proteftanten, als wenn nemlich felbige, was
fie bisher gelehrt widerruffen hätten. Wann
nun

*) Ein unfeeliges Vorurtheil, das man den Katho-
licken abgelernt hatte, alle in der Religion anders
wie wir lehrende zu verdammen, und dadurch zank-
füchtigen Schreyern Thür und Thor zu öfnen.

F 4

nun die Franzosen heuchlerisch und verstellt han=
delten, so würden die Evangelischen mehr Scha=
den und Schande als Nußen zu gewarten haben.
Wo aber Melanchthon meine, er könne mit guten
Gewissen und unverbrochener Treue gegen seinen
Fürsten die Reise antreten, so möge er es nach
seinen Willen, und auf seine Gefahr thun. „

Da dieß als Concept dem Churfürsten zur Un=
terschrift übersandt wurde, so schrieb derselbe noch
zwo Erinnerungen an den Rand. 1) Es sey zu
verwundern, daß Melanchthon den Franzosen in
der Sache des Evangelii traue, welche doch fast
niemals Treue und Glauben gehalten. 2) Viele
christliche Herzen werden sich über Melanchthons
Nachgeben ärgern, und meinen, man sey von
der Augsp. Conf. und Apologia abgewichen mit
höchster Schmach und Schande des Evangelischen
Wesens.

Der Churfürst legte noch überdieß folgenden
Zettel mit eigner Hand geschrieben an den Brück
ben. Wir sorgen sehr, M. Philippus dürfte, wenn
er den König nach seiner Klugheit und Fleiß be=
reden wolte, viel nachlassen, welches D. Marti=
nus und andere Theologi nicht nachgeben werden,
daraus unter ihnen, wie wir schon aus einigen
Worten

Worten D. Martini *) abnehmen, Uneinigkeit
zu grossen Aergernis vieler Leute und Nachtheil
des Evangelii entstehen würde. So kann man
auch nicht errathen, daß es die Franzosen mit
Ernst meinen, sondern hat zu gedenken, sie werden, wenn sie Philippi Gutwilligkeit merken, ihn
völlig ausholen, und hernach als einen unbestän-
digen Mann ausschreyen. Die in Frankreich dieser Sache geneigt zu seyn scheinen, sind mehr
Erasmianer als Evangelische. Wir erinnern uns
aber, was uns dieser Art Leute im vorigen Jahr,
da wir im Herzogthum Jülich waren, für Arbeit
gemacht, eben so wirds Philippo auch gehen,
mit grosser Gefahr seines Leibes, Seele und Gewissens. Man wird ihn auch suchen zu vermö-
gen, daß er die unrechtmässige Englische Ehe ver-
theidige. Aus diesen und andern Ursachen wol-
let ihr mit allen Fleiß Philippum von dieser Reise
abhalten. Wir haben bey uns veste beschlossen,
ehe M. Philippum gar zu missen, als daß wir
ihn mit unserm guten Willen und Genehmhaltung
sollen lassen in Frankreich gehen.

F 5

Der

*) Mich dünkt, es erhelle hieraus ganz deutlich, daß
selbst Luther die Hauptursache gewesen sey, daß den
Melanchthon die Reise nach Frankreich abgeschla-
gen würde.

Der Churfürst schrieb um die nemliche Zeit
auch an den König in Frankreich, und melbete
ihm, daß er zwar allezeit willig sey, ihm besonders in Glaubenssachen die zur Ehre Gottes und
Ausbreitung des Evangelii gereichen, zu willfah-
ren; er könne aber um der schweren Läufte, grosser Besorgnis und übler Nachreden willen, und
weil die Universität Wittenberg der Pest wegen
an einen andern Ort habe verlegt werden müssen,
dermalen den Melanchthon nicht entlassen: wo er
ihn aber künftig auf einige Weise entbehren könnte, und der König solchen von ihm schriftlich begehren würde, wolle er ihm nach Frankreich zu
gehen erlauben.

Doch Melanchthon war der Mann nicht,
der Zorn halten konnte. Er hatte durch lange
Gewohnheit gelernt, Beleidigungen gebultig zu
ertragen *) und zu vergessen. Da er balb hierauf

*) Ego Fabianam illam diſſimulationem, quan-
tum potero, retinebo, de qua ait Poeta uetus: Non ponebat enim rumores ante ſalu-
tem. Nullae iniuriae, nullorum importunitas
me ab hac moderatione abſtrahet, qua aliquot
iam annos uti conatus ſum, nec priuatas ul-
las offenſiones cum reip. incommodo ulciſcar.
Mel. Epp. ad Camer. p. 259.

auf ben Churfürſten zu ſprechen Gelegenheit hat er und bieſer ſehr gnädig und liebreich gegen ihn ſich bezeigte, ſo vergaß er auf immer die ihm unverdient zugefügte Kränkung. Sehr edel drückt er ſich in einem Brief an Jonas hierüber aus. (L. V. Epp. Mel. p. 82) Scito, Principem hic fuiſſe, et mecum ueteri more amanter locutum eſſe. Quare et ipſe offenſionem animi depono. Amo enim illud: amicitias immortales eſſe debere, inimicitias mortales. Libenter priuatum dolorem publicae tranquillitati condono. Nec decet nos in tantis miſeriis publicis priuatis affectibus exacerbare mala publica. Itaque memini illud Atticum, μη μνησικακειν.

Faſt mit ben nemlichen Worten ſchrieb er auch an Myconius: Scito iam me depoſuiſſe offenſionem ortam ex illarum litterarum acerbitate. Nam Princeps ſatis amanter et familiariter hic mecum locutus eſt. Ego autem amo illud uetus Hiſtorici dictum: Amicitias debere immortales eſſe, inimicitias mortales.

Es wurde ſo gar zur nemlichen Zeit das gar nicht wahrſcheinliche Gerücht ausgebreitet, daß die ächten Franzöſiſchen Geſandten unterwegs getödtet, und von ben Katholicken andere aufgeſtellt worden

worben wären, um ben Melanchthon in ihre Gewalt zu bringen. Dieß berichtet Luther an Jonas
im zweiten Band der Schützischen Brieffammlung
p. 352. De legatis Francicis fit uniuerfus rumor,
etiam ab optimis uiris, ut nollem iam et ipfe,
Philippum cum illis proficifci. Fit fufpicio, ueros
legatos in itinere effe occifos, et per Papiftas iftos
cum litteris fubornatos ad extrahendum Philippum.
Et nofti Epifcopos Moguntinenfem, Leodinenfem
et alios, peffima diaboli organa, quae mihi curas
pro Philippo augent. Scripfi ei de hac re diligenter. Die Welt ift der Teufel, unb der Teufel
ift die Welt. Eben dafelbft p. 356 fchreibt Luther
an D. Seiler nach Augfpurg: Dominus Philippus
abftinet a gallica profedione multis cauffis retra-
dus et impeditus, fiquidem et Galli perfidia non
ex uno tantum loco interim ad nos perfcripta eft,
fed etiam a fummae audoritatis hominibus. Me
uero miferetur uehementer illorum agricolarum in
prouincia Galliae calamitatis et preffurae, et utinam poffem hic confulere, ficut rogatus fum, forte
fi effugerent, inuenirent alicubi loca, in quibus
uiuerent. Chriftus mifereatur eorum, et liberet
eos. —

Melanch-

Melanchthon sahe sich also genöthiget, an den König zurück zu schreiben, *) und ihm zu melden, daß er für jetzt, so gern er wolte, die Reise nach Frankreich nicht antretten könne, wie ihm Voraus mit mehrern anzeigen werde.

Francisco Regi Galliae Phil. Melanchthon *S. D.*

Chriſtianiſſime et Potentiſſime Rex. Cum aliis multis ornamentis pulcerrimum Franciae regnum longe antecellit omnibus regnis totius orbis terrarum, tum haec laus inter praecipuas ducenda eſt, quod doctrinae ſtudiis caeteras nationes ſemper uicit, et pro religionis Chriſtianae defenſione praecipue uelut in ſtatione perpetuo fuit. Quas ob cauſas merito titulum habet auſpicatiſſimum Chriſtianiſſimi, quo nullum in terris praeconium maius aut auguſtius dici poteſt. Quare gratulor R. M. T. quod etiam hoc tempore ſuſcipit curam ſanandae Eccleſiae, non tamen uiolentis remediis, ſed uera ratione,

et

*) L. I. Epiſtol. Mel. p. 71. in der Manliusſchen Sammlung p. 39. in *Bulaei* Hiſt. Vniuerſ. Pariſ. T. VI. p. 257.

et digna Rege optimo et chriftianiffimo. Et
in his diffenfionibus utriusque partis impetus
ita moderari ftudet, ut explicata doctrina chriftiana et repurgata fimul gloriae Chrifti, digni-
tati ordinis ecclefiaftici et tranquillitati reipublicae confulatur. Profecto hac uoluntate et
his confiliis nihil gloriofius, nihil Rege dignius
excogitari poteft. Itaque R. M. T. oro, ut non
definat, in hanc curam cogitationemque in-
cumbere.

Etfi enim publico diffenfio alicubi immo-
deratis uel etiam malis doctoribus locum tribuit,
tamen a bonis uiris pleraque patefacta funt,
quae extare in Ecclefia plurimum refert. Quanquam igitur coercenda eft in malis petulantia,
tamen oro R. M. T. ne afperioribus iudiciis aut
fcriptis quorundam finat fe adduci, ut etiam
res bonas et Ecclefiae utiles deleri patiatur.
Mihi quidem nullae immoderatae opiniones, aut
quae labefactarunt pulcerrimum et fanctiffimum
Ecclefiae ordinem unquam placuerunt, quo quidem nihil in terris carius, nihil antiquius effe
omnibus debet. Atque ita fcio apud nos af-
fectos omnes bonos uiros, qui in hoc ipfo doctrinae genere uerfantur, in quo et ego uerfor.

Itaque

Itaque cum accepiffem litteras R. M. T.
Deum teftor, me, quantum potui, conatum effe
et icontendiffe, ut ftatim ad R. M. T. accurre-
rem. Nam mihi nihil optatius eft, quam ut pro
mea tenuitate aliquid opis adferre poffim Ecclefiae, ac in fpem optimam ueni, poftquam cog-
noui eam pietatem et moderationem effe R. M.
T. ut in commune gloriae Chrifti confultum cu-
piat. Sed quantae me difficultates paulifper
adhuc remorentur, intelliget R. M. T. ex Voraeo : quae quidem licet moram attulerint huic
itineri, tamen animum meum neque a profeftio-
ne, neque a confiliis aut ftudio tantarum (miti-
gandarum) controuerfiarum auerterunt. Sed
haec exponet omnia copiofius Voraeus. Poftremo me R. M T. commendo, ac polliceor, me
iudicium meum perpetuo ad doftorum et bonorum uirorum in Ecclefia fententiam aggrega-
turum effe.

Chriftus feruet R. M. T. florentem et in-
columem, et gubernet ad communem orbis ter-
rárum falutem, et illuftrandam ac ornandam
gloriam Dei. Datae in Saxonia, V. Cal. Septem-
bris, Anno Domini, 1535.

Bey dieſer Gelegenheit gab Melanchthon dem
Voråus auch ein Schreiben *) an Wilhelm du Bellay mit, in welchem er mit der gröſten Offenherzig-
keit alle Urſachen anführt, die ſeiner vorgehabten
Reiſe nach Frankreich Hinderniſſe in den Weg ge-
legt haben.

Clariſſimo ac Nobiliſſimo Domino Guilielmo
Bellaio Langaeo, Domino ſuo ac Patrono
obſeruandiſſimo.

Clariſſime Domine. Nihil mihi poſſet accidere triſtius, quam ſi de cauſis, quae meum
iter remorantur, ſecus ſuſpicaretur Chriſtianiſſi-
mus Rex, aut etiam Celſitudo Tua, quam res
habet. Sed ut ſpero, liberabit omni ſuſpicio-
ne uiri optimi et fideliſſimi D. *Voraei* teſtimo-
nium, qui ſcit, quantum contenderim apud Du-
cem Saxoniae, mihi ut poteſtatem faceret ſuſci-
piendi hoc iter. Nam hoc tempore, cum ſchola feceſſerit propter peſtilentiam, neceſſe mihi
omnino fuit, rem ad Principem referre. Ibi
quam

*) In Opuſculis de pace et concordia Eccleſiae
reſtituenda, edit. cura et ſumptibus *Ioach. Lae-*
geri, Brunſuic. 1650. 4. Bogen L 1 2.

quam duriter exceptus fuerim, Voraeus exponet. Nunquam fenfi afperiorem Principem, nihil fingam, fed ut in tantis rebus decet, uerum
fine ulla figura, fine ulla fophiftica dicam.

Primum refpondet, opinionem de meo itinere offectutam effe maximis fuis utilitatibns,
quod ipfe iter ad Regem *Ferdinandum* haberet.
Etfi autem difputabam me priuatim meo nomine iter facere, tamen hoc argumentum ita ur-
gebat et exaggerabat, ut cedendum mihi duxerim, ne uiderer mei Principis feu fpei feu
utilitatibus officere cupere. Sed meo iudicio
altera caufa uerior fuit, cur me non dimiferit.

Legit meum Confilium, quod ad ues mifi,
in quo nihil reprehendit praeter unam quandam leuiffimam fententiolam de utraque fpecie,
quod fcripfi, fublata prohibitione poftea fancien-
dum effe, ne altera pars alterum damnet.

Aliae controuerfiae multo maiores funt. Itaque de hoc negotio fcripfi minus uehementer:
id mihi uelut crimen obiicitur. Nec profecto
me illa ineruditorum iudicia mouent, et faepe
iam in fimilibus actionibus de pace plagas accepi, fed quia ipfi me largiorem aut timidio-

rem

rem exiſtimant, cauendum putant, ne ſi quid
ego condonauero, praegrauentur praeiudiciis.

Incendit etiam animos ineruditorum excer-
ptum quoddam ex illo Conſilio, quod neſcio
per quos lingua germanica ſparſum eſt, in quo
quia de poteſtate eccleſiaſtica *) honorificentius
quaedam dicuntur, inèpti et indoċti interpre-
tantur, me totam cauſam prodidiſſe. Vocor
transfuga, deſertor, cum quidem idem toties
iam in publicis libris de eccleſiaſtico ordine
ſcripſerim, ſeu de canonica politia.

Hos clamores putat Princeps et ſibi et
cauſae nocere. Itaque non ſolum dimittere me
noluit, ſed etiam contumelioſe mihi reſpondit:
non enim diſſimulo. Etſi autem conſtitui me
purgare, tamen hoc tempore iter ſuſcipere nolui, tantum eam ob cauſam, ne iniqui homines
calum-

*) Selbſt Luther ſchreibt (in colleċtione noua Epp.
   Lutheri a Buddeo edita p. 203.) an Melanchthon:
   Iurisdiċtionem Epiſcopis redditam ipſi (er ver-
   ſteht die Heſſiſchen und Nürnbergiſchen Geſandten)
   non ſatis intelligunt, nec attendunt circum-
   ſtantias adieċtas. Atque utinam Epiſcopi eam
   accepiſſent ſub iſtis conditionibus. Sed ipſi
   habent nares in ſuam rem.

calumnientur, me uoluiffe utilitatibus mei Principis officere.

Vides, quanto in difcrimine uerfer, quantum exarferit odium, non aliam ob caufam, nifi
quod et ipfam religionem doceri pie et diluci-
de explicari cupio, et quaedam moderanda effe
cenfui in utraque parte, ut farciatur communis
Ecclefiae concordia. Nec pugnant mecum eru-
diti, fed tantum indocti mihi fuccenfent. Quid
in ciuilibus difcordiis omnibus aetatibus acci-
derit moderatis ciuibus, non ignoras. Ad haec
exempla cum refero animum, non recufandam
mihi effe fortunam illorum duco, qui cum mo-
derate fentirent, ab iratis ciuibus lacerati funt.
Mihi hominum iniquitas neque ftudium pietatis neque moderationem animi eripiet. Et de
itinere pollicitus fum *Voraeo*, me uenturum,
Deo uolente, proximo uere Francofordiam ; unde, fi tibi uidebitur, excurram ifthuc.

Tuam Celfitudinem uiciffim adhortor, ut
poftquam femel hanc curam fufcepifti, digniffi-
mam magno et praeftanti uiro, fanandae Ecclefiae, alteram partem etiam ad moderationem
adhortere, ne res bonae et Ecclefiae utiles op-

pri-

primantur, neue magis Iaceretur Ecclefia. Iniufta crudelitate uideo Chriftianiffimum Regem
incitari fcriptis magnorum hominum aduerfus
nos, fed et reuerendiffimi ac fapientiffimi uiri,
Cardinalis fratris tui et tuis confiliis fpero animum Regis flecti poffe et adduci, ut potius
det operam, ut illuftretur gloria Chrifti, quam
ut mos geratur alienae crudelitati. Neque
enim dubium eft, opus effe Ecclefiae quarundam
rerum explicatione. Sed haec fortaffis coram
copiofius. Bene ualeat Celfitudo tua. Quinto
Calend. Sept. Anno 1535.

Endlich ſchrieb auch noch Melanchthon an
Johann Sturm einen Brief,*) der mit dem vorigen ähnlichen Inhalts iſt.

Voraeus ipfe teftis erit, fummam me con-
tentionem adhibuiffe, ut mihi Princeps concederet abeundi poteftatem. Verum impetrare
non potui, et caufas D. *Langaeo* copiofe per-
fcripfi. Praecipua eft, quod metuunt praeiu-
dicia, et me putant aliquanto minus uehemen-
tem

*) In der Manliusſchen Brieffammlung Mel. p. 168.
und in Mel. Conf. lat. P. II. p. 223.

tem aut pertinacem effe, quam funt alii. Et profecto fic eft. *Non puto contendendum effe, nifi
de magnis et neceffariis rebus, nec tueor omnes*
ἀκριβολογιας. Vtinam liceat doctis libere
loqui de magnis rebus. Nunc autem democra-
tia aut tyrannis indoctorum eft in utraque parte, qui rixantur de nonnullis leuiculis rebus, et
interdum fuis affectibus feruiunt.

Vidifti *Sadoleti* *) fcriptum, qui cum in
pofteriori parte eadem dicat, quae nos defen-
dimus, iniufte facit, quod adeo hoftiliter in nos
inuehitur. In priori parte enarrationis mihi
pleraque fatis probantur, fed ut mihi uidetur,
currit aliquando ἐκτος της ὁδ8.

Budaei fcriptum uidi, neque me haec etiam
deterrent, quo minus iter iftuc fufcipiam, imo
incendunt potius, ut et ipfis aperiam penitus
animum meum, et uiciffim audiam, quid in
commune confulant ipfi. Ego quidem a bonis

© 3   et

*) Hierüber klagt Melanchthon in feinen Briefen an
Camerar p. 250. Budaei tranfitum Hellenifmi ad
Chriftianifmum, et Sadoleti commentarios in
Romanos uidiffe te fpero: fane tragice inue-
hitur uterque in noftros, fed finamus fibi quem-
que canere.

et doctis nunquam dissentiam in Ecclesia. Sed pro tua excellenti doctrina uides, uetera quaedam errata opus habere emendatione. Nec dissimulo etiam euectos esse nostros interdum ὑπερ τα εσκαμμενα, et multa mitigaui. Itaque si quid opis afferre Ecclesiae possimus, annitemur omnibus uiribus, atque hoc studium nulla mihi eripiet hominum nequitia.

Magno in periculo inter nostros propter hanc moderationem uersor, ut solent in ciuilibus discordiis moderati ciues utrinque male accipi, planeque fatum Theramenis mihi impendere uidetur. Credo enim Xenophonti, hunc fuisse bonum uirum, caeteris non credo, qui eum uituperant, sed uoluntate rectae conscientiae me sustento, et intuens in uetera et honesta exempla aequiore animo fero communem fortunam. Caetera audies ex Voraeo. Bene uale.

Ehe ich nun selbst das vom Melanchthon gestellte und an Wilhelm von Bellay nach Frankreich abgeschickte seltene Religionsbedenken abdrucken lasse, so muß ich noch vorher von dem abgekürzten und verstümmelten Bedenken, das in deutscher

scher Sprache im Druck erschienen ist, reden. Die
Erscheinung desselben ward vornemlich von unge-
lehrten Schreyern und vermeintlichen Orthydoxen
sehr übel aufgenommen, und verursachte dem guten
Melanchthon unendlichen Verdruß.

Luther gedenket desselben in einem Brief an
Leonhard Beyer (in der Schüßischen Briefsamm-
lung B. II. S. 359 mit diesen Worten: Mitto ex-
emplaria articulorum, de quibus scribis: fecerunt
ubique Papistae mirabilia per istos articulos, sed
gloria illorum fiet confusio. M. Philippus eos non
edidit, et fit ei magna iniuria, magis Principi Ele-
ctori, et nobis omnibus. Apparet eos collectos
fortassis ex scriptis M. Philippi aliquibus. Wolan,
der Teuffel hat sich oft beschissen, wer weiß, ob er
sich dießmal nicht auch bescheissen könne, als ich
nicht zweifle.

Melanchthon selbst aber in einem Brief an
den Jülichischen Rath Conrad Heresbach (L. II.
Epp. p. 389 gibt folgenden Bericht davon: Articuli
illi, qui circumferuntur, non sunt γνησιοι, sed mutilati et excerpti ex quodam meo longiusculo consilio scripto ad Langeum fratrem Episcopi Parisien-
fis. Rogauerat enim Langaeus, ut rationem aliquam componendarum harum dissensionum perscri-

berem,

berem, ac fimul oftenderat, Regem Gallorum apud
Pontificem de pace et mitigatione tantarum rerum
acturum effe. Scripfi igitur, quid mihi uideretur.
Nec me ualde poenitet mei iudicii. Scripfi de politia Ecclefiaftica conferuanda, deinde quid relaxa-
ri aequum effe cenferem, quibus de rebus doctos
colloqui diligentius prodeffet. Inde funt illi articuli, fed mala fide decerpti. Multis dedi defcri-
bendum meum confilium, fed edere nondum uolui,
quod in tanta peruerfitate iudiciorum uereor, ne
magis irritentur nonnulli. Rex Galliae non obfcu-
re fignificauit, fibi meum confilium probari. Mifit
Romam, meque uocauit, ut de iisdem rebus me
audiret, fed Dux Saxoniae noluit me dimittere.
Noluit priuatum quenquam pacifci cum illo de re-
publica, fic enim loquuntur. δοκει δε καινη τις των
απαιδευτων τυραννις καθιςαμενη ȣδεν μετριον, και
κοινωνικον, και πολιτικον φρονȣντων (uidetur autem noua quaedam ineruditorum tyrannis, qui nil
moderati et liberalis et urbani fentiunt) Cedamus
igitur fatis.

Jn ber feltenen Brieffammlung an Schwebel
p. 32 fchreibt Melanchthon: Circumferuntur articuli quidam fub noftro nomine nati in Gallia, ac decerpti ex quodam meo confilio, uerum mutilati et

depra-

deprauati. Hos articulos ſcito me nòn agnoſcere, ſeu pro adulterinis ac nothis habendos eſſe.

Man ſolte aus dieſen Worten faſt vermuthen, daß Melanchthon auf ein lateiniſches Exemplar ziele, das aber blos geſchrieben, und nicht gedruckt, circulirte.

Vielleicht iſt auch das deutſche verſtümmelte Exemplar blos geſchrieben herumgegangen, wenigſtens kann ich nirgend einen Originalabdruck von dieſer kleinen Piece auffinden, und Luther hat ſolche zuerſt mit ſeiner Gegenerinnerung in den Druck gegeben.

Ich laſſe ſolche aus dem XIX Band der Werke Luthers, Hälliſcher Ausgabe, S. 802 ff. der Vollſtändigkeit der Geſchichte wegen hier abdrucken:

Die Aufſchrift derſelben lautet alſo:

Etliche Artickel von den Papiſten jetzt neulich verfälſcht, und bößlich wider uns Lutheriſchen gerühmt, ſamt einem Brief D. Martin Luthers an die Prediger zu Söſt.

Luther, Melanchthon, Pomeranus ſamt ihren Mitverwandten Predigern zu Wittenberg

laſſen

laſſen zu, daß eine geiſtliche Policey, Ordnung und Regiment, der Römiſche Biſchof der Oberſte, und unter ihm alle andere Biſchöffe und Prieſterſchaft ſeyn ſollen, und das ſey vonnöthen. Denn dieſe Ordnung wird erfordert zur Förderung der geſunden Lehre Chriſti, und daſſelbe zu Aufenthaltung: auch daß aus demſelbigen zuvorſehen die geiſtliche Dinge verordnet und feſtgeſetzt werden.

Von Menſchenſatzungen, die doch nicht vonnöthen müſſen ſeyn.

Dieweil die Kirchen ohne Ceremonien, das iſt, Zucht und Ordnung, nicht ſeyn mag, ſo wollen ſie viel lieber mit den alten die alten Ceremonien halten, denn neue anfangen, und durch dieſe Mittel werden ſich die andern Nationen mit der Lehre Chriſti leichtlich vereinigen. Doch daß gemeldte Kirchenordnung nicht wider die Evangeliſche Wahrheit ſtrebe.

Von der Beicht.

Die Beicht iſt nöthig in der Kirche, und ſoll des Prieſters Abſolution gehalten werden; dadurch denn die Chriſten getröſtet, und von wegen, daß die einfältigen unwiſſenden in der Beicht unterwieſen und gelehrt werden. Aber daneben ſoll man die Gewiſſen nicht nöthigen, mit ſo viel

ängſt-

ängſtlicher genauer Erzählung aller Sünden, das
auch den Menſchen nicht wol möglich.

Von Gerechtmachung des Menſchen.

Alle unſere Gerechtmachung kommt aus dem
barmherzigen Gott durch Jeſum Chriſtum, und
aus dem Glauben in ihm, und nicht aus unſern
Werken. Darneben aber ſoll man das Volk lehren, daß ſie den Glauben zieren mit guten Werken, und durch die Frucht der guten Werke offenbar machen, daß der heilige Geiſt in ihnen woh-
ne, und daß alſo alle Ehre in Gott den Urſprung
habe.

Von der Meſſe und beyder Geſtalt des Sacraments.

Sie bekennen, daß die Biſchöfliche Meß keinen
Unterſchied habe von der Voreltern Meſſe; aber
die ſonderbaren Nebenmeſſen haben ſie bey ihnen
abgethan von des Genieſſes und Kaufmannſchatzes
wegen, ſo daraus geſchieht. Sie ſagen auch, daß
die Meſſe eine Dankſagung, und eine Wiederge-
dächtnis des Opfers ſey, wie dann ſolches die alten auch genennet haben. Daß ſie aber dahin gerichtet werden, daß den Lebendigen und Todten mit
dieſem Werk an ihm ſelbſt, ſo man Meſſe hält,
Hülfe werde gethan, das ſie ꝛ. Latein heiſſen ex
opere

opere operato, das verneinen sie. Und diesen Ar=
tickel begehren sie zu disputiren in dem nächstkünf=
tigen Concilio. Begehren hierzwischen: dieweil
die eine Gestalt des Sacraments durch menschliche
Satzung, und beider Gestalt desselben in Händen
und Gewalt des Pabstes stünde, daß denn der Rö=
mische Bischof oder Pabst bis zunächst künftigen
Concilio lasse ein ieglich Ort frey brauchen die eine
oder beide Gestalt des Sacraments.

Von der Heiligen Ehrung.

Die Feyertage der Heiligen, wie die bey Zei=
ten Hieronymi, Ambrosii und Neoceni *) gehalten
sind, sollen in der Kirche, das ist, bey dem christli=
chen Volk gedultet werden. Es sollen auch die gu=
ten Werke und Streitung im Tod der Heiligen dem
Volk geprediget werden, zu einer Nachfolgung der=
selben. Aber für sich selbst nicht angeruffen wer=
den, in keinem Weg, denn solches kein Exempel in
der h. Schrift funden wird. Dieweil es aber ge=
wiß ist, daß die Heiligen im Himmel ingemein für
uns bitten, gleichwie auch die heiligen Menschen,
so noch in dieser Welt sind, thun. Darum soll die
Fürbitte nicht gänzlich hinweggelegt werden, son=
dern mag ihrer Gedächtnis hinfort, wie bisher die
christ=

*) Solte vermuthlich Nazianzeni heissen.

chriſtliche Kirche in ihrer Bittung oder Gebet zu
Gott dem allmächtigen, gerichtet und geſtellt, daß
derſelbige auf die Fürbitte dieſes oder ieuen Heiligen Gnade beweiſe durch unſern Herrn Jeſum
Chriſtum.

Von den Gelübden und Enthaltung der Prieſterehe.

Die reichen Gotteshäuſer oder Klöſter, die
ſich in Müſſiggang ohne Uebung der Lehre enthal-
ten, ſollen zu ſeiner Zeit zu Schulen verwandelt
werden, wie denn die im Anfang der Kirchen geweſen ſind. Aber die andern armen Klöſter da
man ſich in der Zucht und Lehre übet, ſollen alle
bleiben. Auf daß, wo Mangel an gelehrten Leuten erfunden, von denſelbigen geſchickte dazu genommen werden mögen: denen ſoll ihr freyer Aus-
gang zugelaſſen ſeyn.

Aber die Prieſterehe betreffend, dieweil die-
ſelbe aus menſchlicher Satzung abgeſtellet, und in
des Pabſts Gewalt ſtehet, wieder zu ändern: dieweil auch wenig reiner keuſcher Prieſter erfunden,
ſo rathen ſie, daß den Pfarrherrn und armen
die Freiheit zugelaſſen werde, welcher das begehrt,
und hitzige Anfechtung dazu habe, daß demſelbi-

gen

gen die Ehe im Namen Gottes zugelaſſen werde.
Es ſoll aber ſolcher Ehe wegen nicht eine ab-
brüchliche policeiiſche Satzung und Ordnung in der
Kirchen ſeyn, daß dadurch die Kirchengüter von
dannen ſollen gezogen werden, ſondern ſollen die
reichen Biſchöffe und andere, bey denen die geiſtlichen Kirchengüter ſind, ohne Weiber und Ehe-
ſtand bleiben.

So ſich der Pabſt hier in dieſen vorgemeldten
Artickeln weiſen lieſe, ſagen ſie, daß die in den übrigen leichtlich mit ihm verglichen möchten werden.

Venerabili Viro, Domino Brixio Thonwerdae*)
et fratribus ecclefiae Sufatenſis, miniſtris
fidelibus D. Martinus Luther.

Lieben Herren und Freunde, ihr ſolt billig euch
nicht verwundern, ob ihr ſehet oder höret, daß des
Pabſts

*) Eigentlich ſchrieb ſich dieſer Prediger zu Soeſt Bri-
xius Nordanus. Den Schmalkaldiſchen Artickeln
vom J. 1537 unterſchrieb er ſich alſo: Brixius Nor-
thanus Sufatenſis Concionator. Verſchiedenes
von ihm findet man in J. M. Kraffts zweyfachem
zweyhundertjährigen Jubelgedächtnis S. 302 ff. und
in H. Hamelmanni Opp. geneal. hiſt. de Weſt-
phalia p. 1114. welcher glaubt, daß hier ſtatt Thon-
werd geleſen werden müſſe tho Norde.

Pabſts Geſindlein treuget und leuget. Was haben
ſie bisher wider uns gehandelt, das nicht unge-
ſchwungene Lügen wären geweſen? Und ob ſie
gleich hierinn oft ergriffen, und immerdar zu
Schanden worden ſind, ſind ſie dennoch niemals
roth dafür worden. So ſtarke Helden ſind ſie, und
wie können ſie auch anders thun? Weil alle ihre
Lehr und Weſen auf lügen und trügen geſtiftet und
gegründet ſtehet, und ihrem Gott und Herrn nicht
anders, denn mit lügen und Mord kan gedient
werden. Gleichwie bey den Heiden dem Gott Her-
kules mit Fluchen geopfert und gedient ward. Aber
laß lügen und morden, ſie habens bisher nicht viel
genoſſen, noch weit gebracht, ſondern rennen ſich
ſelbſt ab, und haben, Chriſto ſey Lob, eine ſtarke
Schwindſucht kriegt; vielleicht wird ſie der Tropf
und Sterbebrüſſe auch bald rühren. Denn ich hö-
re von allen Aerzten ſagen, daß viel Blut ſaufen der
Tod ſey.

Demnach hab ich dieſe Artickel, von euch an-
her geſchickt, euch wieder wollen zuſchicken, unter
meinen Namen, damit ihr die euern tröſten, und
den andern das Maul ſtopfen könntet. Wahr iſt
es, daß wir auf dem Reichstag zu Augſpurg in
vielen Stücken, ſonderlich ich ſelbſt, uns hoch erboten

boten haben, wie das Büchlein: Vermahnung an
die Geiſtlichen, zeuget; aber ſie wolten wol gerne
annehmen, wenn wir viel erbieten wolten, und
doch nichts nachgeben, das wir dagegen bitten und
begehren. Der Art hat dieſer Schalk, oder Schäl-
ke, ſo dieſe Artickel geſtellet haben, auch gethan.
Gar fein haben ſie heraus geklaubt aus unſern
Schriften, oder vielleicht aus etlichen Häubeln, was
ſie gerne hätten, und mehr dazu erdichtet, denn ſie
geleſen, oder gehört haben: aber dabey ſchweigen
ſie fein ſtill, was wir daneben gefordert haben. Als,
ich will noch ſagen und zugeben, will der Pabſt das
Evangelium frey und rein laſſen gehen, wie er
ſchuldig iſt zu thun, ſo will ich meiner Perſon ihn
laſſen ſeyn, was er ſelber will, was ſoll ich ihm
mehr anbieten? Aber das hört er gerne, daß ich
ſage: er ſoll ſeyn, was er will, daß er aber das
Evangelium ſeiner Pflicht nach ſoll frey und rein
laſſen gehen, dazu auch förbern, das hört er nicht
gern; denn er riechet Mäuſe, und ſchmeckt den Bra-
ten wol, ſorget, er könnte damit nicht Pabſt bleiben.

Darum könnt ihr nicht baß thun, weil dieſe
Artickel fälſchlich geſtellt, und unter unſerm Namen umher getragen, oder gerühmt werden, denn
daß ihr wiederum ſaget und rühmet, wenn der

Pabſt

Pabſt und die Seinen das Evangelium frey und
rein laſſen wollen gehen, ſo ſollen ſie allen ihren
Willen an mir haben. Da werdet ihr erfahren,
daß ſie all ihren Willen gern an uns hätten, und
ſolten ſolches gar getroſt rühmen mehr denn dieſe
Artickel. Aber das Evangelium frey zu geben,
da werden ſie Schultheiſſen Ohren haben, und
thun als hörten ſie es nicht, denn das Wort, frey
Evangelium, iſt eitel Gift, Todt, Hölle und Teufel in ihren Ohren. Sie könnens nicht leiden,
und müſſens doch endlich leiden. Dafür wird ihr
Lügen und Morden nicht helfen, denn es heiſt:
Deus noſter ignis conſumens eſt. Et uerbum Domini manet in aeternum.

Es ſiehet mich an, als wolt Junker Teufel
gerne unter uns inwendig eine Zwietracht anrich-
ten, weil er merkt, daß er von auſſen nicht kann
zu uns einbrechen. Aber mein Herr Jeſus Chriſtus hat nun bisher über 20 Jahr mich erhalten
in dieſer groſſen Sache, wider ſo viel Geiſter,
die mich übermeiſtern haben wollen, und dem Pabſt
unterwerfen, daß ich hoffe, es ſoll förder mit Hülfe und Gnaden ſeines Geiſtes nicht noth haben.
Und ob ich vor ſeinen Augen nicht würdig wäre
zu bleiben, in ſolchen angefangenen und bisher ge-

H   brach-

brachten Werk, da seine gnädige Barmherzigkeit
für sey, so ist doch da vorhanden, nun viel-
mal gedruckt, mein Bekenntnis des christlichen
Glaubens. Darauf ich ja bisher und noch geblie-
ben, und zu bleiben gedenke, das mir, ob Gott
will, niemand nehmen soll. Denn das darf und
soll niemand gedenken, noch vornehmen, daß ich
mit dem Pabst und Papisten will eins werden,
es sey denn, daß er und sie mit dem Evangelio
eins werden. Wol weiß ichs, daß sie mein Evangelium nicht für Evangelium halten, und ich halte ihr Evangelium auch nicht für Evangelium.

Darum sag ich, es sey denn, daß wo sie das
Evangelium nicht annehmen, welches ich mein
Evangelium heisse, und mit so viel Marter und
Fahr erkennet habe, so ist da keine Einigkeit zu
hoffen zwischen mir allerärmsten Sünder, und
dem allerheiligsten Vater, er sey wie groß er kann,
und ich, wie klein ich bin; denn ich weiß, daß
sie es wissen, und ich habe ihr eigen Gewissen
gefangen, daß ihr Evangelium Menschenlehre ist,
und sie bekennen müssen, daß mein Evangelium
Gottes Lehre und die heilige Schrift ist. Und
dieweil sie solches wissen, daß Gott und sein Wort
wider sie ist, und die Schrift bey uns, so kann
das

baß nicht fehlen, baß ihr Trozzen ein heimlich
Verzagen und unſre Furcht ein heimlicher Troſt
iſt. Kommts darnach zum Treffen, ſo wird Gott
wol der rechte Richter ſeyn, und ihnen anzeigen
öffentlich, was ſie jetzt fürchten. Wenn ſie aber
hören könnten, wäre ihnen zu rathen, daß ſie
aufhörten ins Feuer zu blaſen, und Gott fürchten; denn ſie ja doch wiſſen müſſen, daß er wider ſie erzürnet ſey. Wollen ſie aber nicht, o laß
gehen, wie Gott will, ſie werdens finden.

Was wir aber hierinn ſanftlich handeln, das
thun wir denen zu gut und Dienſt, ſo noch unter
dem Pabſt gefangen, durch Gottes Wort auch ſollen beruffen werden, wie St. Paulus ſagt, alles
um der auserwählten willen. Unſer lieber Herr
Chriſtus, der dieſe ſeine Sache ohn mein Bedacht
und Vorwiſſen angefangen, und über all mein
Hofnung bis daher bracht hat, der wirds förder
auch wol weiter machen, und zum Ende bringen,
über unſer aller Gedanken und Wünſchen, wie
St. Paulus ſagt: er iſts, der mehr thut, denn
wir denken oder bitten mögen. Hiemit Gott befohlen, und bittet für uns, wie wir für euch und
alle Chriſten.

Doch

Doch ich will nun selbst das ächte lateinische Concilium Melanchthons abdrucken laſſen, vorher aber noch einige litterariſche Bemerkungen liefern. Melanchthon ſchickte ſolches dem Wilhelm Bellay zu mit folgendem Schreiben: *)

Nobiliſſimo et Clariſſimo uiro D. Guilielmo Bellaio Langaeo, Patrono ſuo S. D.

Illuſtriſſime Domine, Geſſi morem uoluntati tuae, et collegi praecipuos articulos, de quibus ſunt controuerſiae, et oſtendi quandam in his moderationem, ut mihi quidem uidetur, non inutilem Eccleſiae. Nec dubito, quin de omnibus iſtis articulis facile conueniri poſſet, ſi Monarchae aliqui efficerent, ut aliquot boni et docti uiri amanter et libere inter ſe colloquerentur:

*) Es befindet ſich in Collectione epiſtolarum clarorum uirorum in operibus Pauli Colomeſii, editis a Io. Alb. Fabricio, Hamb. 1709. 4. p. 547. mit der falſchen Jahrzahl 1524 ſtatt 1534. Denn daß Melanchthon ſein conſilium bereits in dieſem Jahr nach Frankreich abgeſchickt hat, erhellet auch aus ſeinen Briefen an Camerar, dem er id. Sept. dieſes Jahrs, p. 232. ſchreibt: Miſi in Galliam rogatus a fratre Epiſcopi Pariſienſis de praecipuis articulis quandam ἐπιείκειαν (moderatam ſententiam).

rentur: funt enim controuerfiae non ita multae;
fed *ineruditi* *) non uident, quibus de rebus
agatur, et interdum praeter rem tumultuantur.
Nam in utraque parte difcordia publica, ut fit,
locum praebet multis indoctis.

Aque hos articulos, quos mitto, eo congefli
libentius, ut magis perfpici poffet, de quibus
rebus proprie agatur. Non hoc agitur, ut Politia Ecclefiaftica aut poteftas Pontificum abolea-
tur. Non hoc agitur, ut ueteres ordinationes
fine difcrimine mutentur. Praecipui ex noftris
maxime cupiunt ufitatam Ecclefiae formam con-
feruare, quantum poffibile eft. Confenuerunt
etiam pleraeque controuerfiae mollitae tempore.
Quare rogo, ut quod facit Celf. tua propter
Chrifti gloriam, hortetur fummos Monarchas ad
concordiam pie conftituendam, dum locus eft

. $\mathfrak{H}$ 3   mode-

) Tom. Lugd. Epp. p. 445. fd)reibt Melandj
tljon : Scis, me quaedam minus horride dicere de praedeftinatione, de affenfu uoluntati:,
de neceffitate obedientiae noftrae, de peccato
mortali. De his omnibus fcio re ipfa Lutherum fentire eadem, fed *ineruditi* quaedam eius
φορτικωτερα dicta, cum non uideant, quo per-
tineant, nimium amant.

moderatis confiliis. Qualia impendeant tem‐
pora, fi nemo praefentibus diffidiis medicinam
faciat, quanta diffipatio Reip, et Ecclefiae fu‐
tura fit, fi res ad arma deducitur, melius uidet
Celfitudo tua, quam ego. Illud autem dignum
eft officium magno ac tui fimili uiro, in tantis
periculis non deeffe faluti Reip, et Ecclefiae.
Sed nihil opus eft te currentem, ut dici folet,
adhortari. Illud tibi polliceor, me confilia mea
ad tuam et caeterorum bonorum uirorum uo‐
luntatem fumma fide accommodaturum effe et
effecturum, ut intelligas, me tranquillitatis pu‐
blicae cupidiffimum effe. Bene ac feliciter
uale. Cal, Aug. 1524 ſtatt 1534.

Celfitudini tuae deditiffimus
Philippus Melanchthon.

Melanchthon hatte freilich nicht Willens,
bieß Bebenken burch ben Druck bekannt zu ma‐
chen. Er fchrieb baher in feinen Briefen an Ca‐
merar p. 252. Exemplum mei confilii miffi in
Gallias tibi mittam; nunc enim non habebam nifi
unicum, et non edo, ne nouae inde difputatio‐
nes oriantur. Er wufte gar wol, baß feine Ge‐
linbigfeit unb Nachgiebigfeit vielen ärgerlich war,
ob er wol nie ber Wahrheit etwas vergab. Sem‐
per

`per ita fenfimus, (fchreibt er in der Manlifchen
Brieffammlung p. 8) non propter leues caufas
alenda effe diffidia: tantum de magnis et neceffariis
rebus pugnandum effe duximus. Allein demunge-
achtet ward dieß Bedenken, ganz gewiß ohne
Vorwiffen Melanchthons durch öffentlichen Druck
fchon im J. 1536 und zwar zu Prag, bekannt
gemacht, und ich halte diefe kleine Schrift unter
meinen vielen feltenen Melanchthonifchen für die
allerfeltenfte. Denn fo viele Bücher und Katalo-
gen ich Melanchthons wegen gelefen habe, fo habe ich doch nirgends die geringfte Anzeige hievon
gefunden, als im erften Band des Catalogue
de Bolongaro - Crevenna p. 215. Die Auffchrift
ift:

*Confilium, de moderanda controuerfia, fuper
articulis religionis praecipuis, fcriptum ad
Gallos a Phi. Mela. Cui praefixa eft Epi-
ftola Regis Galliae ad Philippum et eius
refponfio. MDXXXVI. in 8.* Am Ende
ftcht: *Excudebat Iohann. Coluber Pragae* *)
Menfe Aprili 1537. 2½ Bogen.

Der

*) Ob dieß würklich der Druckort gewefen, oder nur
von dem Editor erdichtet worden fey? will ich
nicht

H 4

Der Titel hat eine Einfaſſung, wo oben zwey Wappen, ein Löwe, und ein einfacher Adler, und unten das Sächſiſche angebracht iſt.

Zuerſt kommt eine Vorrede des Buchdruckers, die ich ganz hieher ſetze:

Ioannes Coluber Bohemus, Typographus, Lectori candido S. D.

Frequens rumor erat aput nos, Philippum Melanchthonem dediſſe quosdam articulos ad Gallos, qui aperte cum reliquis ſcriptis eius pugnarent, unde creditum eſt a plerisque eum non ubique ſibi conſtare, ſed in aliquibus a·ſe ipſo diſſidere. Verum quia id exiſtimare de tanto uiro, iniquum uidebatur, perfeci ab amicis, ut inſpiciundi daretur poteſtas. Quod cum factum eſſet, facile technam aduerſariorum coniicere potui, atque calumniam, qua uirum optimum et doctiſſimum, falſo crimine in odium uulgi noſtratis adducere conarentur. Iccirco uti haec opinio falſa ex animo ſimplicium euelleretur,

nicht beſtimmen. Mir wenigſtens iſt keine Prageriſche Druckſchrift von dieſem Zeitalter ſonſt bekannt. Auch Hirſch hat in ſeinem vier Millenariis keine einzige in Prag gedruckte Schrift vom J. 1500—1550.

Ieretur, notumque fit, Philippi doŒrinam femper et ubique eandem effe, neque pugnantia eum fcribere, curaui eosdem articulos praelo meo imprimendos, ac euulgandos etiam, fimul quod ea, quae alibi proiixe traduntur, in compendium reuocata piis ufui effe magis queant. Tum etiam ut cognofci poffit, noftros ueteres Bohemos *Iobannem Huffinium* ac *Hyeronimum Prabenum* propemodum eadem docuiffe, pro farcienda Ecclefiaftica concordia. Ex quo uidere eft, ueritatem, licet diuerfo tempore per diuerfos annuncietur, femper eandem, ac fibi fimilem effe.

Addere praeterea libuit Epiftolam Regis Franciae ad Philippum, qua illum ad fe inuitat, et refponfionem Philippi, ut grauiffimam ita doŒtiffimam utramque. Tu igitur pie Leŏor lege, iudica, utere et Vale. Pragae M. Aprili Anno 1526 (ſtatt 1536.)

Ad lect.

En tibi confilium prudens, Ecclefia reddi
Tranquillae paci qua ratione queat.

Dieſe Vorrede hat im Druck bieß beſonbere, baß ber Buchſtabe i über ſich keinen Punct, ſonbern einen Strich hat, nemlich í.

§ 5   Auf

Auf selbige folgt das auf dem Titel angezeigte Schreiben des Königs in Frankreich an Melanch-thon, und dessen Antwort darauf. Dieß Beden-ken befindet sich auch abgedruckt im vierten Band der Werke Melanchthons p. 823 fqq. und im er-sten Band seiner lateinischen Bedenken p. 224. — Etwas verändert, und mit der Aufschrift: de dif-sensionibus Ecclesiasticis et conciliatione contro-uersorum articulorum, in der seltenen Briefsamm-lung: Centuria Epistol. theol. ad Io. Schwebelium p. 241. — Etwas abgekürzt befindet sich endlich dieß Consilium in Edmundi Richerii Hist. Concil, General. L. IV. P. II. p. 83. —

Melanchthon, der nichts so eifrig wünschte, als Friede und Einigkeit, und den nichts so sehr kränkte, als unnöthige Zänkereyen und Streitig-keiten über Gegenstände, die das wesentliche der Religion nicht betrafen, bezeigte sich in diesem Bedenken ungemein nachgiebig. *)

Die

*) Melanchthon drückte sich hierüber sehr schön aus Tom. Lugd. Epp. p. 24. Pauca quaedam mi-tigari optarim. Multa sponte et liberaliter largior, de quibus acerrime pugnarunt alii. Et nonnunquam lis est, ut aiunt, de lana ca-prina.

Die vornehmsten Puncte hierin waren folgende: Er ließ des Pabſts und der Biſchöffe Gewalt und Jurisdiction zu, wenn ſie die reine
Lehre befördern würden; die Traditionen, doch
ohne ihre Nothwendigkeit und Verdienſtlichkeit zu
behaubten; die Beicht, aber ohne Erzählung aller Sünden; von der Rechtfertigung ſagte er,
wäre man guten Theils ſchon einig, oder die Ein-
tracht könnte noch erhalten werden, wenn man
nur nicht lehre, daß man durch gute Werke Vergebung der Sünden verdiene. Bey der Meſſe ge-
ſtunde er einen unauflößlichen Knoten; doch ſolle
man keinen zur Winkelmeſſe zwingen, wo ſo viele
greuliche Mißbräuche ſtatt fänden. Die Worte,
die in dieſem Artickel dem Churfürſten ſo ſehr
auffielen, ſind dieſe: Conſultiſſimum eſſet, ut Pontifex tolleret prohibitionem integri ſacramenti, et
conſtitueret, ne altera pars alteram damnaret, donec erudiri Eccleſia poſſet, et integer uſus conſtitui.

Den Dienſt der Heiligen rieth er abzuſchaffen,
doch könnte man an den Feſttagen die Hiſtorien
der Heiligen erbaulich predigen, aber mit Weg-
laſſung der Formel, daß uns ihre Fürbitten etwas helfen. Die Klöſter möge man zu Schulen
gebrau-

gebrauchen, und iedem die Freiheit gestatten, solche zu verlaffen. Die Priesterehe wünschte er wieder hergestellt zu sehen, doch könne man wol ehelose zu Bischöffen wählen.

Daß dieß Bedenken den groffen Lermen gar nicht verdient habe, den der Churfürst auf Anhezen mancher steifen Orthodoren, die es sich für schimpflich hielten, auch in dem geringsten etwas nachzugeben, wird der Abdruck deffelben unbefangenen am besten beweisen.

Ich liefere solches nach dem Pragerischen Druck, der mit dem in den Werfen und lateinischen Bedenken Melanchthons vollkommen übereinstimmt, und füge solchem die Varianten aus der Schwebelischen Brieffammlung und einige Anmerfungen bey.

Confilium de moderandis controuerfiis religionis, fcriptum a Philippo Melanchthone ad Gallos, A. C. 1535.

Multi funt, in ea opinione, aut nulla effe uitia in doctrina ufitata, quam reprehendimus, aut leuia effe, quae diffimulari poffint. Et qui fic fentiunt, exiftimant, noftros fine cauffa tumultua-

multuari, et execrantur eos (nos) tanquam te-
mere mouentes feditiones et fchifmata. Atque
haec opinio de nobis inculcatur Pontificibus et
Regibus. Quare principio optandum eft, ut et
Pontifex et fummi Reges agnofcant ecclefiae
morbos, et cogitent quosdam abufus *) eiusmodi

*) Sehr schön und der Wahrheit vollkommen gemäß
redet Melanchthon auch von dieser Sache in einem
Schreiben an Heinrich VIII. König in England
L. I. Epiftol. p. 58. Negari non poteft, diu-
turnas et horribiles tenebras in Ecclefia fuiffe. Traditiones humanae non tantum fuerunt carnificina piarum mentium, fed quod
eft indignius, fuerunt cultus multipliciter ui-
tiofi. Erant uota, donaria templorum, ue-
ftitus, ciborum deledus, battologiae precum,
indulgentiae, honos ftatuarum, colebantur
fancti, manifefta idololatria, ignorabantur ueri
cultus Dei, et uera opera. Denique magna
fimilitudo erat ethnicarum religionum, et Romae adhuc eft. Erat ignota doctrina uera
de poenitentia, de remiffione peccatorum,
quae fide in Chriftum contingit, de iuftitia
fidei, de difcrimine legis et cuangelii, de ufu
facramentorum. Claues translatae erant ad
tyrannidem pontificiam conftituendam, longe
ante-

modi effe, qui non debeant' diffimulari ac tolerari (celari). Scimus ipfi, in tanta infirmitate hominum Ecclefiam nunquam adeo puram effe, quin aliqui incidant abufus. Scimus et hoc, abufus aliquos diffimulandos et condonandos effe publicae concordiae. Sed hoc intelligi debet de iis abufibus, qui falua doɛtrina oriuntur ex quadam imbecillitate, non de iis abufibus, qui delent aliquos articulos fidei neceffarios, aut funt idololatrici, aut cogunt homines ad manifefta peccata. Oportet enim eos, qui docent in Ecclefia, arguere peccata, ficut Chriftus praecipit. Quare Pontificis eft, in rebus magnis et neceffariis, ut confulat confcientiis, aliquam concedere relaxationem. Et uiciffim eft noftrum, ferre |omnia propter publicam dileɛtionem, quae fine impietate fieri poffunt, praefertim cum tamen Pontifex non poffit retinere obedientiam, neque poffit ulla concordia fperari, donec confcientiae piorum

adigun-

anteferebantur politicis officiis ceremoniae humanae. Ad hos errrores accedebat uita contaminata libidinibus propter legem de coelibatu.

adiguntur ad impios cultus: femper enim erunt, qui reclament et aduerfentur.

Quidam etiam nihil aliud agi putant, nifi ut quaedam libertas barbarica quaeratur, excuffa monarchia Romani Pontificis, et repudiatis ueteribus ordinationibus ecclefiafticis. Haec opinio etiam nocet nobis apud Romanum Pontificem et Reges.

Quare principio opus eft oftendere eis, non hoc agi, ut diffoluatur autoritas ecclefiaftica, fed alias res magnas difputari et agitari (explicari), quae ad confcientiam et cultum Dei pertinent. Primum igitur dicam de externis rebus, hoc eft, de politia ecclefiaftica (feu poteftate pontificia), et quibusdam traditionibus.

De Poteftate pontificia.

Concedunt noftri, politiam ecclefiafticam*) rem licitam effe, quod uidelicet fint aliqui Epifcopi,

*) Daß Melanchthon unter einer wichtigen Einfchränkung den Bifchöffen ihre Auctorität und Jurisdiction einräumte, war in den Augen mancher Eiferer ein groffes Verbrechen, und erregte ihm unendlichen Verdruß, befonders auf dem Reichstag zu Augfpurg, da folche doch in der Confeffion

ſcopi, qui praeſunt pluribus eccleſiis. Item
quod Romanus Pontifex praeeſt omnibus Epiſcopis.

feſſion ihnen zugeſtanden wurde: Non petunt Eccleſiae, ut Epiſcopi honoris ſui iactura ſar-
ciant concordiam. — — Nunc non id agitur,
ut dominatio eripiatur Epiſcopis, ſed hoc
unum petitur, ut patiantur euangelium pure
doceri. Luther ſelbſt ſagt dieß in ſeinem Bedenken von den Compoſitionsmitteln im XVlten Theil
ſeiner Werke S. 1708. Wo ſie unſre Lehre wolten leiden, und nicht mehr verfolgen, ſo wolten
wir ihnen keinen Abbruch thun an ihrer Jurisdiction, Dignitet oder wie ſie es nennen. Denn
wir begehren freilich nicht Biſchof noch Carbinal
zu ſeyn. Camerar in uita Mel. p. 124. Unum
erat, quod pene omnibus reclamantibus ille
non intermittebat ſuadere, non modo adſti-
pulatore ſed etiam autore ipſo Luthero. Nimirum Epiſcopi ſi concederent libertatem et
uſum purae doctrinae coeleſtis ueritatis ſecundum expoſitionem confeſſionis editae, ne
recuſaretur atque denegaretur reſtitutio ordi-
nariae poteſtatis ſeu adminiſtrationis ſuae qui-
busque dioeceſis. Quod quidem quale eſſet,
cum coeco, ut dicitur, apparere deberet,
tamen uarie et mirabiliter exagitatum fuit.
Melanchthon bezeigte dieß nemliche auf dem
Schmal-

ſcopis. Hanc canonicam politiam, ut ego exi-
ſtimo, nemo prudens improbat, neque impro-
bare debet, ſi intra fines ſuos maneat, hoc eſt,
Pontifex et Epiſcopi non abutantur autoritate
ſua ad opprimendam (ueram) doƈtrinam. Deinde quod ad opes et reditus attinet, etiam hoc
docemus: Regum et Principum donationes eſſe

res

Schmalkaldiſchen Convent 1537 in ſeiner Unter-
ſchrift: Ich P. Mel. halt dieſe Artickel auch für
recht und chriſtlich. Vom Pabſt aber halte ich, ſo
er das Evangelium wolt zulaſſen, daß ihm um
Friedß und gemeiner Einigkeit willen, dieienigen
Chriſten, ſo auch unter ihm ſind, und künftig
ſeyn möchten, ſeine Superiorität über die Biſchöffe,
die er ſonſt hat, iure humano, auch von uns
zuzulaſſen ſey. Ja eben ſo dachte er noch 1559,
da er an den Churſächſiſchen Rath, Ulrich Morb-
eiſen, Libro V. Epiſt. p. 203 alſo ſchreibt:
Lenii et explicaui quasdam horridas diſputa-
tiones, et quae fuerint ſemper mea conſilia,
norunt multi. Dixi Ratisbonae me ſalua doƈrina optare, ut maneat politia eccleſiaſtica.
Gratiſſima uox fuit et Carolo Imp. et Gran-
velo. Idem poſtea ſenſi et dixi. Et ſcio,
idem dixiſſe ſaepe Lutherum.

J

res licitas. Sunt autem reditus illi Regum et Principum donationes. —

Quare quod ad hunc articulum attinet de superioritate Pontificia et de Epifcoporum autoritate non eft diffenfio, et facile poffunt retinere autoritatem fuam Romanus Pontifex et caeteri Epifcopi. Opus eft enim in ecclefia gubernatoribus, qui uocatos ad minifteria ecclefiaftica explorent et ordinent, et iudicia ecclefiaftica exerceant, et infpiciant doftrinam facerdotum. Et ut maxime, fi nulli effent Epifcopi, tamen creari tales oportet. Tantum optamus, ut qui nunc funt Epifcopi, infpiciant doftrinam (facerdotum), et fanam doftrinam curent in ecclefiis fibi commiffis fideliter tradi. Hoc fi facerent, nemo deberet obedientiam recufare. Prodeffet etiam meo iudicio illa monarchia Romani Pontificis ad hoc, ut doftrinae confenfus retineretur in multis nationibus. Quare facile poteft conftitui concordia in hoc articulo de fuperioritate (pontificia) Epifcoporum, fi de caeteris articulis conueniri poterit. Caeterum illam immoderatam et iniuftam potentiam Rom. Pontificis, quam in transferendis regnis interdum

dum ufurpauit, Reges ipfi moderari facile poterunt. Haec neque ad euangelium neque ad
ecclefiam pertinent.

De traditionibus rerum indifferentium.*)

Scimus traditionibus et aliquibus ordinationibus opus effe ; ideo in noftris fcriptis diligenter

*) Dieß Capitel lautet bey Schwebeln ganz anders,
nemlich:

Sic etiam facile iniri ratio concordiae poteft de rebus adiaphoris, ut de cibis, feriis,
veftitu ecclefiaftico, et aliis fimilibus ceremoniis, fi de doctrina conuenerit. Nam con-
ftituta concordia doctrinae non deceret noftros feparare fe a confuetudine reliquae Ecclefiae.

Item, noftri hoc officio inuitarent caeteras
nationes ad hanc doctrinam qua in re optimum opus charitatis facerent: praeterea cum
mundus non poffit carere ceremoniis et ordinationibus, quae effet morofitas, uelle dif-
fentire ab aliis, aut nouos malle, quam ufi-
tatas? praeterea magna ex parte adhuc retinemus ufitatos ritus, nec quicquam effet
periculi, feruari communiter cum aliis adiaphora, cum extaret recta doctrina ea, qua
difcerent confcientiae, quomodo fine fuperftitione talia adiaphora feruanda effent.

J 2

ligenter difcernimus traditiones. Item clare
oftendimus, quid reprehendamus. Conftat enim
confcientias olim mifere nexatas effe hac opinione, quam Sophiftae et alii indo&i finxerunt, uidelicet quod traditiones humanas uiolare fit peccatum mortale. Haec opinio fuit horribilis carnificina confcientiarum. Ideo praecipue hanc
opinionem reprehendimus. Et libenter admittunt nunc do&i omnes noftram ἐπιεικειαν, quod
traditiones uiolare extra cafum fcandali non fit
peccatum mortale. Sed omitto hic difputationem. Nam in Apologia et alibi fatis apparet
nos accurate difcernere in hoc articulo. Con-
ftituta autem do&rinae concordia, poftea chriftiana charitas debebat moderari ufum rituum.
Quia enim publicis aliquibus ordinationibus
opus eft, fatius effet retinere ufitatos ritus,
quam nouos excogitare. Nec noftri recufarunt
in conuentibus feruare adiaphora, *) id eft, in-
diffe-

*) Auch hier wählte Melanchthon immer den fanften
Weg, und fein Axiom war: Furor eft, non
pietas, nolle infirmitati aliorum obfecundare.
Mea haec femper fuit fententia, fchreibt er L.
II. Epp. p. 179. ut publici ritus Ecclefiarum
diligen-

differentia, et adhuc in plerisque locis magna ex parte retinemus publicos ritus ueteres, feſtos dies Chriſti, cantiones pias ueteres, et pleraque uſitata.

Prae-

diligenter conſeruarentur, qnicunque retineri ſine impietate poſſunt. Noch weitläuftiger gibt er ebendaſelſt p. 183 ſeine Meinung hierin zu er⸗ kennen, wenn er ſagt: Cenſeo, non eſſe bar- bariem quorundam imitandam, qui prorſus omnes ritus abolent. Decet eſſe quandam εὐταξιαν in templis, ſed modus ſit, nec ſe- rantur certamina de humanis ritibus — Mihi non tantum inutiliter, ſed etiam contra cha- ritatem fieri uidetur ab iis, qui ſimul omnes ceremonias abolent, quae adhuc tolerari po- terant. Sic enim Paulus ad Corinthios : cir- cumciſus aliquis uocatur? non accerſat prae- putium. Si caetera Pauli religioſe ſeruantur, audiamus etiam in hac parte. Itaque latinas can- tiones tempeſtiue uſurpatas, textus dominicales, feſtorum dierum diſcrimina, et id genus ſimi- lia puto eſſe ferenda. L. III. Epp. p. 41. Dieſe Gelindigkeit bewies er beſonders zur Zeit des Interims und der Adiaphoriſtiſchen Streitigkei⸗ ten, weswegen er ſo gar von Flacius und ſeinen Conſorten ein Verräther der Wahrheit geſcholten wurde.

J 3

Praeterea fimilitudo rituum inuitaret caeteras nationes, ut facilius reciperent hanc doctrinam euangelii, nec haberet quicquam incommodi haec obferuatio, fi extaret recta doctrina,
quae doceret tales ritus obferuandos effe fine
fuperftitione, hoc eft, fine opinione iuftitiae aut
neceffitatis, fed ficut alios mores tranquillitatis
et ordinis cauffa. Facile igitur de hac re poterit concordia reftitui, quia et doctrinam noftram de hoc articulo probant omnes pii et e-
ruditi, et noftri admiffa doctrina ufum traditio-
num in charitate moderari deberent.

De Confeffione.

Meo iudicio prodeft retinere in ecclefiis
confeffionem, et propterea, quod abolito more
abfolutionis obfcuretur doctrina de remiffione
peccatorum, et poteftate clauium, et propter di-
fciplinam. Commode enim in confeffione poffunt homines inftitui (inftrui), nec habet quid-
quam periculi aut incommodi confeffio, fi homines recte doceantur, ne fuperftitiofa enumeratione *) peccatorum onerentur confcientiae, fi

docea-

*) Poftea acerrima contentio de re non magna
fecuta eft, an in confeffione, ut uocant, fit
neceffa-

doceatur, unde fit remiffio peccatorum. Nam de enumeratione fentiendum eft, ficut de aliis traditionibus ecclefiafticis, quod fine peccato omitti poffit. Itaque de his quatuor articulis facilis eft ratio conftituendae concordiae, fcilicet (de poteftate Romani Pontificis) de autoritate Epifcoporum, de ordinatione facerdotum, de traditionibus humanis in rebus mediis, et de confeffione.

De praecipuis Articulis.

1. de Iuftificatione.
2. de Miffa et utraque fpecie.
3. de cultu Sanctorum.
4. de uotis et coelibatu.

De Iuftificatione.

Controuerfiam de iuftificatione ipfa tempora mollierunt. Nam de multis (iam) conuenit inter doctos, de quibus fuerunt initio magna certamina.

Nemo

necefaria delictorum enumeratio? Detendebatur regnum confeffionis a nonnullis, uel propter autoritatem ordinis facerdotum, uel *propter culinas monachorum.* L. I. Epift. p. 36.

J 4

Nemo iam defendit ista abfurda, quae leguntur apud Scholafticos, quod homines poffint legi Deo fatisfacere, quod mereantur remiffionem peccatorum dignitate fuorum operum, quod fint iufti, id eft, accepti propter propriam dignitatem, et legis impletionem. Omnes iam fatentur fide opus effe, hoc eft, fiducia in Chriftum, in remiffione peccatorum, de qua fide nulla eft mentio in Scholafticis. Omnes iam fatentur intereffe gloriae Chrifti, ut illa fides inculcetur hominibus.

Conuenit item inter doctos de libero arbitrio, de peccato originis, et de plerisque aliis quaeftionibus coniunctis. Quare fi Pontifex aut ipfi Reges darent operam, ut aliqui boni et prudentes uiri colloquerentur, facile poffet haec controuerfia de iuftificatione diiudicari ac dirimi. Et quidem prodeffet Ecclefiae, extare fimplicem et planam doctrinam de iuftificatione. Res eft enim neceffaria confcientiis. Sunt autem duo articuli, alter de remiffione peccatorum, alter de dignitate bonorum operum, feu de meritis in reconciliatis.

De priore articulo etiam exiftimo facile poffe conftitui concordiam, quod uidelicet ad remiffio-

remiffionem peccatorum neceffaria fit contritio, et mutatio morum. Et tamen remiffionem contingere non propter dignitatem noftrae contritionis feu operum, fed tantum per mifericordiam propter Chriftum, qui fide, hoc eft, fiducia Chrifti apprehenditur. In hac fententia clarum eft non excludi bona opera, fed aliam cauffam remiffionis peccatorum quaeri certam et fufficientem. Conftat enim in ueris pauoribus non poffe opponi noftra bona opera, fed aliam cauffam remiffionis peccatorum quaeri certam et fufficientem. Conftat enim in ueris pauoribus non poffe opponi noftra bona opera irae ac iudicio Dei,

Hic meritum non tollitur, quia nos nihil agamus, fed ut intelligatur, quomodo fit certa remiffio. Si enim penderet ex dignitate contritionis noftrae, fieret incerta. Denique de hoc articulo de remiffione peccatorum exiftimo bonos ac prudentes facile poffe conuenire. Tantum non adhibeantur homines morofi, qui habent deprauata iudicia ex fcholafticis opinionibus. Arbitror enim omnes prudentes probaturos effe hunc articulum, quod remiffio pecca-

$\mathfrak{J}$ 5   torum

torum contingat fide, id eſt, fiducia in Chriſtum, non propter noſtra merita.

Alter articulus de dignitate bonorum operum in reconciliatis etiam nunc tempore faƈtus eſt mollior, quia omnes iam concedunt, quod homines procul abſint a profeƈtione legis, ideo concedunt etiam ſaniores apud aduerſarios, principaliter homines iuſtos, id eſt, acceptos eſſe fide, hoc eſt, fiducia miſericordiae promiſſae propter Chriſtum, et quod illa inchoatio legis in nobis placeat, non quia legi ſatisfaciat, ſed quia perſona eſt reconciliata in Chriſto. Omnes prudentes iam agnoſcunt, oportere addi de fide, quod reconciliati praecipue, placeant, non propter dignitatem operum, ſed fide propter Chriſtum. Hoc ſi concedatur, poſtea facile eſt iudicium, quale ſit meritum operum, et quidem prodeſt poſtea ualde augere et ornare dignitatem bonorum operum,*) ſicut et ſcriptura ualde

*) Auch dieſer Satz wurde dem Melanchthon gar oft übel ausgelegt, und er deswegen ſo gar ein halber Papiſt genannt, weil er die guten Werke lobte, und auf die Vollbringung derſelben nachdrücklich drang. Nihil mihi, ſchreibt er an Camerar

de ornat, modo ut ille ſcopus prius teneatur, quod remiſſio peccatorum contingat per fidem. Item quod haec opera placeant non quia legi ſatisfaciant, ſed quia perſonae credant Chriſto.

Neceſſe

merat p. 247. obiicitur, niſi quod dicor pluſculum laudare bona opera. Hoc eo fit, dum has controuerſias proprie et diſerte explico, et ad methodum reuoco, quaedam minus horride dico, quam ipſi, quae certe et uera et utilia ſunt. Der Mißbrauch, ten bamals ſo viele mit der unrecht verſtandenen Lehre Luthers trieben, daß der Menſch allein durch den Glauben gerecht nnd ſelig werde, war bey Melanchthon Urſache, daß er die Nothwendigkeit der guten Werke in ſeinen Schriften überall einſchärfte. Dieß Unweſen bemerkte er ſchon bey der Ausgabe ſeines Viſitationsbüchleins, und ſchreibt daſelbſt: Es iſt nicht noth, daß man ſubtil diſputire vom Verdienſt. Viele ſchreyen, gute Werke verdienen nichts; da viel beſſer wäre, man triebe die Leute, gute Werke zu thun, und ließe die ſcharfe Diſputation fallen. Es iſt genug, daß man ſie unterrichte, daß Gott ſolche Werke fordere und Belohnung gebe. Viele Prediger tröſten wol die Leute, und ſagen viel vom Glauben und Vergebung der Sünden, ſagen aber nichts von Buſſe, Gottesfurcht und Gottes Gericht.

Neceſſe eſt enim pias mentes contra deſperationem praemuniri et doceri, quomodo placeat haec noſtra obedientia. Illa conueniunt, quod iuſtitia bonorum operum ſeu bonae conſcientiae ſit neceſſaria, quod Spiritus ſanctus detur in remiſſione peccatorum, quod oporteat mortificari ueterem hominem et creſcere nouitatem ſpiritus, quod Spiritus ſanctus non maneat in his, qui committunt mortalia peccata, hoc eſt, facta contra conſcientiam et contra legem Dei. Item quod liberum arbitrium aliquid agat in cauendis talibus delictis. Item quod adiuuetur a Spiritu ſancto, ut caueat talia delicta. Si hoc modo colligantur ea, quae conueniunt, paucae controuerſiae reliquae erunt.

Nam in ſcholaſticis opinionibus hac praecipue reprehenſum eſt, quod de hac fide, de qua loquitur Paulus, quae neceſſaria eſt in remiſſione peccatorum, et pacificatione conſcientiae, mentionem plane nullam faciunt. Item quod ſomniant, hominem poſſe legi Dei ſatisfacere, et iuſtum eſſe propter legis impletionem. Horum articulorum ipſos iam Scholaſticos, ſi qui ſunt ſaniores, pudet. Correctis his duobus articulis iudicari caetera facile poſſunt.

In

De Missa. *)

In caeteris articulis omnibus uidetur facilo ratio iniri posse constituendae concordiae. Sed hic

*) Dieser Artickel lautet bey Schwebeln also: In caeteris articulis omnibus iniri ratio concordiae sine magna difficultate potest, sed nodus de Missa ualde inexplicabilis est, ut profecto de hac re opus esset Ecclesiae Synodo, et ut maxime Synodum impedirent tempora, tamen si Christianus Rex Franciae et inclytus Rex Angliae, quod iam bene inter eos conuenit, curarent, ut ex utroque regno delecti aliquot boni et docti uiri colloquerentur, praeclare mererentur de Ecclesia.

Haec causa una omnium maxime digna est Regibus: Cruciantur enim animi hominum horribili dubitatione, qua liberari per summos Monarchas debebant. Ego quid hic consulam, nescio, cum adhuc inter nostros sint dissensiones de coena Domini. *Bucerus* moderationem quandam proposuit. Ea moderatio mihi quidem non displicuit. Sed culpa huius turbulenti saeculi factum est hactenus, quo minus nostri de tota re inter se prorsus conuenirent. Sed annituntur modo aliqui, ut solida inter nos concordia constituatur, prae-

hic unus nodus de miffa, ut uereor, *eft inex-plicabilis.* Quia haec eft fumma ceremonia in

Eccle-

praefertim cum hoc diffidium maxime deterreat ab euangelio caeteras nationes. Chriftus adiuuet nos, et reducat Ecclefiam fuam in piam et fanctam concordiam!

De utraque fpecie coenae dominicae uidemus fubinde tumultus renouatos effe. Mouetur enim populus, cum allegatur inftitutio Chrifti, et ueteres ritus Ecclefiae. Et ut maxime quaeratur aliqua excufatio utentium una fpecie, tamen non definunt illi tumultus, et in his tumultibus etiam confcientiae aliquorum periclitantur: porro facile medere his incommodis Pontifex fine detrimento ullo poffet, fi fublata prohibitione relinqueret ufum liberum, et conftitueret, ne qua pars alteram damnaret. Haec libertas plurimum ad tranquillitatem conduceret, et nihil noceret ulli generi hominum. Et tota haec res eft Pontifici in manu, quod conftat, prohibitiones tantum effe iuris humani. Fortaffis etiam aliae multae controuerfiae fierent mitiores, fi Pontifex aliquid in hac caufa populo concederet. Nam hanc ceremoniam populus maxime amat, et quod res eft externa, diffimilitudo in ufu facile parit tumultum, in aliis controuer-

Ecclefia, et eſt collata ad horribiles abuſus, et *bi abuſus ſunt meri quaeſtus monachorum.* Quare abuſus miſſae praecipue opus habent emendatione. Ac tanta res praecipue in Concilio generali traſtanda eſſet, ſed uix ſperandum eſt, fore aliquam in Synodo legitimam cognitionem tantarum rerum, ideo optarim, ut de tanta re deliberari curarent ipſi Reges, praeſertim Rex Galliae et Angliae, quoniam inter ipſos conuenit. Vtinam hi pios et doſtos homines conuocarent, et iuberent eos pie et diligenter agitata re quaerere conſilia, quomodo abuſus emendari poſſent. Haec tanta res praecipue digna eſſet his ſummis Regibus: Deus enim poſtulat, ut Reges prohibeant impios cultus, et curent pios inſtitui et conſeruari. Certum eſt autem impiam opinionem eſſe monachorum de applicatione miſſae, videlicet, quod miſſa proſit pro aliis uiuis et mortuis, et mereatur eis remiſſionem culpae et poenae. Haec opinio obſcurat doſtrinam de fide in Chriſtum, et pugnat manifeſte cum ueteri uſu miſſarum,

et

trouerſiis ſimilitudo, quia non eſt externarum rerum, ſed opinionum, non tam facile faciet tumultus.

et cum fententia fanctorum Patrum. Ex hac opinione infiniti abufus orti funt. Haec opinio peperit et auxit priuatos miffas. Nec uero fpes eft ulla monachis hunc errorem de applicatione miffae unquam extorqueri poffe. Cum igitur illa applicatio pro uiuis et mortuis ad promerendam remiffionem culpae et poenae neceffario corrigenda fit, ne obruatur doctrina de fide, nos ueterem morem de miffa renouauimus. Tantum enim unam publicam feu communem habemus, in qua aliqui et explorari prius, et confeffi fimul communicant facramentum.

Et de ufu diligenter docemus, quomodo profit facramentum his, qui agunt poenitentiam, et fide fe erigunt, et credunt fibi peccata condonari. Hic eft uetus mos. Nullae enim olim fuerunt priuatae miffae, et in graecis parochiis hodie etiam priuatae miffae nullae funt. Quare hic mos habet exemplum ueteris Ecclefiae, et tutiffimus eft.

Veteres miffam uocant facrificium, non quod fit applicandum pro aliis uiuis et mortuis, ut mereatur eis remiffionem culpae et poenae. Sed

Sed uocant facrificium in genere, quia eſt me-
moria facrificii Chriſti, et opus, in quo agimus
gratias pro beneficiis Chriſti, hac ratione conce-
dimus, ut in Apologia diximus, miſſam facrificium eſſe, ſed non applicandum pro aliis uiuis
et mortuis, ut mereatur eis remiſſionem culpae
et poenae. Quanquam autem in hoc articulo
moderationem reperire ualde. difficile eſt, tamen uidetur mihi non alienum, ſi Pontifex conſtitueret, ut nemo cogeretur et priuatos miſ-
fas, ſed ut antea dixi, maxime optandum eſt
in hoc articulo, ut Reges curarent de eo diligenter deliberari, et liberari Eccleſiam ab hor-
rendis abuſibus, et ſanari conſcientias ambiguas.
Nam multae controuerſiae haerent in hac cauſſa
de miſſa, uidelicet de uerbis coenae, de ſacri-
ficio, de applicatione. Ad haec accedit etiam
controuerſia de uſu utriusque ſpeciei. Ea res
etiam antea excitauit magnos motus in Eccleſia,
quia cum pii audiunt, quod Chriſti inſtitutio ſit,
ut ſumatur integrum ſacramentum, et quod hoc
ita obſeruatum ſit in ueteri Eccleſia, iudicant,
obtemperandum eſſe inſtitutioni Chriſti et ueteris Eccleſiae exemplo. Et quamuis quaeritur
excuſatio de uſu unius ſpeciei, tamen conſcien-

ℜ   tiae

tiae ambigunt, ideo confultiſſimum eſſet, ut
Pontifex tolleret prohibitionem integri Sacramenti, et conftitueret, *ne altera pars alteram
damnaret*, donec erudiri Ecclefia poſſet, et integer uſus conftitui.*)

Huius ceremoniae fumma eſſe ueneratio debet, ideo maxime prodeſſet reuerentia in tra-
ctando Sacramento, et liberari confcientias fcru-
pulis, et hae res externae priuatim plus fcru-
pulorum, et publice plus diſſenfionum pariunt.
Haec incommoda facile fanare Pontifex poſſet
fublata prohibitione integri Sacramenti, nec aliquid faceret Pontifex nouum. Nam ipfa pro-
hibi-

*) Auch in den Viſitationsartickeln vom J. 1528.
wurde die Communion ſub una noch frey ge-
laſſen. Den Schwachen, heiſt es, mag man laſſen einerley Geſtalt noch eine Zeitlang genieſen,
und wo ſie es alſo begehren, mag ein Pfarrherr
oder Prediger wol denſelbigen reichen. In der
andern Ausgabe von 1538 aber wird das Reichen
unter einer Geſtalt ſchlechterdings verworfen und
verboten. In der erſten Ausgabe von Melanchthons
Locis heiſt es: De euchariſtia iudico, non
peccare qui fcientes huius libertatis et cre-
dentes alterutra figni parte utuntur.

hibitio eſt noua, et humana autoritate inſtituta, quam haud dubie licet Pontifex emendare.

De cultu Sanctorum. *)

Tam multi manifeſti abuſus ſunt in cultu Sanctorum, ut omnes pii et docti iam olim ante haec tempora flagitarint emendationem. Eſtque haec facilior emendatio in hac cauſſa, quia nullum periculum eſt conſcientiis, etiamſi in uniuerſum aboliatur inuocatio Sanctorum. Nam in ſacris litteris nullum praeceptum, nullum exemplum eſt, quod doceat inuocationem Sancto-

K 2   rum.

---

*) Dieſer Artickel iſt bey Schwebeln ganz kurz alſo ausgedruckt: De cultu Sanctorum tam multi ſunt abuſus manifeſti, ut omnes pii et docti iam olim ante haec tempora emendationem flagitarint: deinde conſtat hoc etiam in ſ. litteris nusquam praecipi, ut Sancti inuocentur. Quare tota inuocatio Sanctorum ſine peccato omitti poſſet; et ratio iniri poſſet, quomodo feriae Sanctorum celebrandae eſſent. Nam et feriae nunc ſunt immodicae et inutiles pietati. Confluit enim otioſa multitudo ad conuiuia, ludos, rixas etc. Sed tamen hic articulus talis eſt, ut recti et boni uiri facile de eo conuenire poſſent.

rum. \Quare manifeſtum eſt, eam non eſſe neceſſariam. Sed res noua eſt, et ignota ueteri
Eccleſiae ante *Gregorium.* Extant enim conciones aliquot et *Baſilii* et *Nazianzeni* de Sanᶜtis,
in quibus nulla prorſus fit mentio de inuocatione, ſed tantum.dicunt, ſe exempla proponere,
ut diſcamus, quomodo Deus exerceat et iuuet
Sanᶜtos, ut Deo gratias agamus. Deinde ut illorum exempla et fidem populi erigant, et hor-
tentur populum ad imitationem. Nec *Hierony-*
mus aduerſus Vigilantium loquitur de inuocatione, ſed tantum de illa uirtutum et benefi-
ciorum recordatione.

Hic uero iure reprehenditur negligentia po-
ſterioris aetatis, quod tam procul a ueteri Eccleſia et conſuetudine diſceſſerit, finxerunt Sanᶜtos inuocandos eſſe tanquam interceſſores, ita
obruerunt Chriſti beneficium, et offuderunt populo imaginationes, quaſi Sanᶜti ſint clementio-
res, quam Chriſtus, et propter hanc opinionem
populus fiduciam debitam Chriſto transfert in
Sanᶜtos. Item inuocatio per ſe tribuit ſanᶜtis
omnipotentiam, quia in inuocatione teſtamur,
quod is, quam inuocamus, habeat infinitam potentiam, inſpiciat motus animorum in omnibus

in-

inuocantibus. Deinde longius etiam aberratum
eſt, Sanctos ut autores donorum inuocabant,
Sancte Iacobe, protege, libera nos. Poſtea ſin-
gulis Sanctis diſtributa ſunt certa officia, et pro-
lixe cupiditatibus impiis ſeruitum eſt. Alius
Sanctus inuocabatur, ut ditaret, alius alia de
cauſſa,*) et fuerunt omnia plena ethnicorum er-

Ꝗ 3 rorum.

---

*) Daß in der Lehre vom Dienſt der Heiligen in der
Katholiſchen Kirche nicht nur damals viel aber-
gläubiſches gelehrt wurde, und auch noch jetzt da
und dort gelehrt werde, kann nicht geläugnet werden. Was Melanchthon in der Apologie der A.
C. ſchreibt, findet auch an vielen Orten Plaz,
beſonders wo Mönche herrſchen. So predigen,
ſagt er, ihre Gelehrten unverſchämt, daß ieder
unter den Heiligen eine ſonderliche Gabe geben
könne, als St. Anna behüte für Armuth, St.
Sebaſtian für Peſtilenz, St. Velten für die fal-
lende Sucht, den heiligen Ritter St. Georgen
haben die Reuter angeruffen für Stich und Schüſ-
ſe ꝛc. So werden bey dem Dom in Cöln auf Pa-
pier und Seiden abgedruckte Zettel verkauft, auf
welchen in deutſcher, franzöſiſcher und italieniſcher
Sprache unter den Bildniſſen der drey Könige
folgendes ſteht:

„Heilige

rorum et exemplorum. Aduerſus haec tanta
uitia certe deberent Reges et Epiſcopi remedia
quaerere. Primum autem ſi certa doƈtrina de
Chriſto inſtauraretur, facile per ſe ruerent abuſus et prauae opiniones de cultu Sanƈtorum,
quia populus magis aſſuefieret ad intelligenda
beneficia Chriſti, et ad uera fidei exercitia, ſi
intelligeret, Chriſtum propoſitum eſſe tanquam
interceſſorem, propter quem uelit Deus certo
dare remiſſionem peccatorum, et alia bona pro
ſua bonitate et ſapientia.

Et tamen ſi in hoc articulo moderatio aliqua
quaeritur, poteſt iniri ratio, quomodo iuſti ho-
nores Sanƈtorum retineri poſſint, ſcilicet ſi feriae aliquae retineantur, in quibus populo Sanƈtorum hiſtoriae et exempla prudenter, ſine in-
uoca-

„Heilige drey Könige, Caſpar, Melchior und
Balthaſar, bittet für uns iett und in unſerer
Todesſtunde. Dieß an die Häubter und Reliquien
der h. drey Könige in Cöln angeſtrichene Brieſlein
iſt gut für alle Reiſegefahren, Haubtweh, fallen-
de Krankheit, Fieber, Zauberey und jähen Tod
durch feſten Glauben.„ Kein Wunder, wenn dieſer Aberglaube endlich zum Unglauben führt!

uocatione eorum proponantur, ficut et olim uidemus in Ecclefiis fuiffe feftos dies Sanctorum.
Modus tamen etiam feriarum illarum effe deberet. Nunc enim funt immodicae, et inutiles
pietati. Confluit enim otiofa multitudo ad conuiuia, ad ludos, ad rixas, et confirmantur ine-
ruditis concionibus impii cultus.

Veteres quaedam orationes faciunt mentionem interceffionis, fed tamen ita, ut inuocatio
non fiat ad Sanctos, fed ad Deum, id eft, Deus
da, ut adiuuemur precibus Sanctorum. Certum
eft enim Sanctos in coelo rogare, et orare pro
uniuerfa Ecclefia. Etfi autem docti de hac forma deliberare poffent, tamen periculum eft, ne
etiam talis forma obfcuret intercefforem Chriftum, ideo ne hanc quidem uelim confirmare.
Sed illa moderatio fufficeret retinere recordatio-
nem propter exempla, ut dictum eft.

Sed renouata pura doctrina de Chrifto facile ruerent fine tumultu abufus in cultu Sanctorum, praefertim fi poteftates quadam diffi-
mulatione paterentur abufus ruere. Nunc iniu-
ftiffima faeuitia faepe in rebus leuibus utuntur.
Etfi autem poteftates debent uti fuo iure, ubi

K 4   opus

opus eſt, tamen uidendum eſt, ne abutantur, et contra mandatum Dei ad defenſionem idololatriae. Errant enim, ſi in tanta negligentia et in tantis cupiditatibus eorum, qui rexerunt Eccleſias, exiſtimant nihil uitii in Eccleſiam irrepſiſſe; errant etiam, ſi arbitrantur, Deum non fore ultorem, ſi iniuſtam crudelitatem in pios et in membra Chriſti exercuerint.

Extant ſeuerjſſimae comminationes in ſcripturis aduerſus eos, qui Prophetas et pias interficiant, quae certe mouere debent ſummos Principes, ne acerbitate illa ſuppliciorum utantur, niſi ubi opus eſt, et re diligenter deliberata a piis et doctis.

De Votis. *)

Conſtat, non omnes ad uotum perpetuae continentiae idoneos eſſe, et ſcimus inter ipſos
mona-

*) Auch dieſer Artickel iſt bey Schwebeln verändert, und lautet alſo: Neque articulus de uotis monachoruw et coelibatu aliquam ſubtilem controuerſiam habet. Sed tota res Pontifici in manu eſt. Non enim opus eſt, monaſteria funditus delere; nam optandum eſt, ut monaſte-

monachos faniores optare; ut dimitterentur his, qui non funt idonei, Huic rei facile poffet Pontifex

nafteria fint fcholae, ut fuerunt quondam, ne quis inuitus in monafteriis teneretur. Hae difpenfatio fine infigni mutatione publica fieret, et liberaret Ecclefiam a multis fcandalis et peccatis, et tantam habet aequitatem, ut non dubitem, quin hic mihi affentiantur omnes boni et prudentes uiri. Nam uotum non debet effe, ut recte dicitur, uinculum iniquitatis. Ita monafteria prodeffe debent confcientiis, non nocere. Quare fi qui non fint idonei ad id uitae genus, hos profecto multo fatius erat dimitti libere. Caeterum illi, qui in monafteriis manerent, fi habeant puram doctrinam, poffent ritibus et fuis inftitutis uti tanquam adiaphoris fine fuperftitione. Sicuti exiftimo *Bernhardum* et fimiles ufum effe, et nunc quoque multos uere pios fine fuperftitione fuo ueftitu et caeteris rebus fimilibus uti fine fuperftitione et impiam fiduciam damnare. Nefcio qualis fit ftatus monafteriorum locupletum in aliis regnis; in Germania in talibus monafteriis nullae funt litterae, nulla doctrina, tantum ibi aluntur homines ignaui et otiofi, haec monafteria

poffunt

tifex mederi propofito edi&o, in quo publicam
difpenfationem ederet, ut his, qui non effent ad
id

poffunt autoritate Pontificum et Regum cum
tempore conuerti im fcholas. Nam etiam illis ipfis locis, ubi iam monafteria deferta
occuparunt respublicae, oportebit tamen paulo poft noua collegia conftitui, ubi alantur
de publico ftudiofi facrarum litterarum: alioqui enim defuturi funt Paftores Ecclefiis, nifi
ipfae respublicae in eiusmodi collegiis alant
pauperes, ex quibus Paftores fumi queant.
Diuites enim non fere difcunt facras litteras,
et certe ecclefiaftica monafteria defugiunt.
Et uidentur initio Collegia hoc confilio con-
ftituta effe, ne deeffent Ecclefiis Paftores.
In monafteriis tenuioribus plus eft litterarum,
et ftudioforum, et magis ibi florerent hone-
fta, et fan&a ftudia inciperent. Fortaffe aliquis me deriferit ac dicat, me Platonicam
civitatem formare, cum tamen Ecclefiae pu-
ritatem depingo. Ego uero non hoc ago, ut
ex rebus humanis omnia uitia tollam, fed
praefertim diffidiorum quaedam moderata col-
ligo, quae funt poffibilia. Si Pontifex et Reges uolent mederi Ecclefiae. Sin autem illi
decreuerunt ueterem ftatum, et omnes abufus

id uitae genus idonei, concederetur libertas deferendae uitae monasticae, nec propterea prorsus defererentur monasteria, sed reliqui, quibus hoc uitae genus placere uideretur, in illis collegiis, quae quidem correctis abusibus tolerari possent, manerent. Nescio, qualis sit status monasteriorum in aliis terris, in Germania in locupletioribus monasteriis nullae nunc litterae sunt, nulla doctrina, tantum ibi aluntur homines otiosi, quorum nullus potest esse usus in Ecclesia. Itaque satius esset, haec monasteria deseri, et reditus transferre ad alios usus Ecclesiarum, et ad alendos studiosos in aliis collegiis aut monasteriis. Sed ordines tenuiores adhuc seruiunt Ecclesiis, quorum collegia, ut dixi, emendata doctrina et correctis abusibus possent conseruari

fus ui retinere, et ea crudelitate, qua hactenus usi sunt, periculum esse, fore, ut aliquando maiores motus excitentur, et magis dissipentur Ecclesiae. Nihil habeo amplius, tantum ostendi, quid uideatur in praesentia utile, et conscientiis et publicae tranquillitati Ecclesiae. Christus Pontificis et Regum mentes gubernet ad illustrandum euangelium et tollendam idololatriam.

ri, fi extaret illa de uotis difpenfatio, quam dixi., Neque enim inutile effet pios et ftudiofos
ita uerfari una in ftudiis facrarum litterarum et
aliarum difciplinarum, et affuefieri piis exerci-
tiis et ceremoniis, ut inde fumerentur Miniftri
Ecclefiarum, ficut olim folebat fieri.

Praecipue autem hoc tempore pauci difcunt
facras litteras, et uidetur opus fore etiam in illis locis, ubi iam deferta funt omnia monafteria, ut iterum quaedam collegia conftituantur, in
quibus pauperes fcholaftici alantur, deftinati
piis ftudiis, ne defint Ecclefiis paftores. Haec
moderatio de monafteriis nihil uidetur habere
incommodi, et profefto effet utilis Ecclefiae.
Boni et prudentes uiri inter monachos iam olim
deplorarunt uitia monafticae uitae, difplicuit
eis, quod uota fine ulla difpenfatione requirun-
tur, nec delefus habetur aut difcrimen perfo-
narum, cum manifeftum fit, non omnes idoneos
effe huic uitae generi, agnofcunt plus effe fuper-
ftitionis in monafteriis, quam uerae pietatis, ideo
extant fcripta multorum ante haec tempora, qui
emendationem abufuum optauerunt et flagita-
uerunt.

De

De Coelibatu Sacerdotum. *)

Manifeſtum eſt, pauciſſimos in coelibatu ſine magnis offenſionibus conſcientiae uiuere, plu-
rimi

*) Von hier bis zum Schluß ſteht bey Schwebeln
folgendes : De Sacerdotum coniugio nihil opus
eſt longa diſputatione, conſtat enim eam rem
Pontifici totam in manu eſſe. Et uidemus,
quam pauci ſint uere caſti. Sed coniugium
ideo difficulter admittunt, quod parum com-
modum uidetur conſeruandae-potentiae et o-
pibus; ſed poſſet iniri ratio, ut ad ſummas
dignitates tantum coelibes admitterentur. Sed
res loquitur ipſa de coelibatu non eſſe aptum
tantae multitudini Sacerdotum, quanta in parochiis et miniſteriis opus eſt. Conſideran-
dum eſt hoc Pontifici et Regibus, an res
digna ſit coelibatus, de qua adeo uehementer dimicent, ut nolint concordiam conſtitui,
niſi in tantum reſtituto coelibatu. Magna eſt
autoritas Eccleſiae et Pontificum, quare uita
et traditiones de coelibatu haud dubie rela-
xare poteſt. Nullus eſt reliquus articulus,
de quo non aut iam conueniat noſtris cum
altera parte, aut de qua non poſſit facile conueniri. Quare ſatis ſit dixiſſe de praecipuis
articulis, de quibus hoc collegi, et ut melius

rimi etiam in manifesta turpitudine uiuunt, et illa exempla nocent Ecclesiae. Debet autem Pontifex et sanare conscientias, et prohibere mala exempla. Ideo optandum est, ut legem de coelibatu sacerdotum aboleat Pontifex. Nam haec res est prorsus iuris humani, et hac autoritate Ecclesia uti debet ad aedificationem, ad alendam pietatem, ad iuuandas conscientias, ad prohibenda peccata, non ad perniciem animarum aut ad confirmanda peccata. Porro haec lex de coelibatu multa peccata parit, et multas animas perdidit. Fortassis cum olim pauciores essent sacerdotes, et liceret eis ducere uxores,

sic

lius perspici posset, quid in nostra parte defendatur, et ut monstrarem aliquas uias moderandi has controuersias, nec grauatim cedam aliis saniora monentibus. At meo iudicio nullus est articulus difficilis praeter unam missae caussam.

Opto autem, ut D. N. I. C. efficiat, ut talis constituatur aliquando concordia, qua ipsius gloria fiat illustrior, ut piae mentes non perdantur sed adiuuentur, ut in timore Dei et uera fide et uero cultu Dei et omnibus uirtutibus proficiant ad salutem, Amen.

fic tamen ne poftea effent in minifterio, haec lex minus habuit incommodi. Nunc certe tanta in multitudine, et cum prorfus huic ordini prohibetur coniugium, quanta pariat incommoda, non eft obfcurum.

Leges humanae debent cedere temporibus, ideo optandum eft, ut Pontifex hanc legem mitiget. Fortaffis illud etiam obftat, quod metuunt fore ut diffipentur opes ecclefiafticae, aut labefactentur iura electionis, fi Epifcopi ducant. uxores. De his periculis poffet fortaffis iniri ratio, ut tantum coelibes eligerentur Epifcopi, fed caeteris miniftris Ecclefiarum concederetur coniugium. Paulo poft deerunt paftores Ecclefiis, praefertim in Germania. *) Decet autem Pontificem, publicam neceffitatem Ecclefiarum anteferre fuae conftitutioni. Sed hic articulus

non

*) Dieß bekennt auch Staphylus in feinem Confilio de inftauranda relig. pontificia in Schelhorns Amoenit. hift. eccl. T. I. p. 651. Adeo inualuit in clero catholico, qui adhuc reliquus eft in Germania, et paffim, haec matrimonii confuetudo, ut in parochis uix inter centum reperias unum, qui non fit aut clam aut palam maritus.

non habet opus longa difputatione. Tantum hic aequitate Pontificis et fummorum Principum opus eft, ne legem inutilem pertinaciter defendant, cum nihil opus fit.

Poftremo facilis eft diiudicatio omnium controuerfiarum. Tantum articulus de miffa habet aliquid difficultatis, fed inter bonos et pios fpero de omnibus conueniri poffe, ideo orandus eft Chriftus, ut fummorum Regum animos fleɕtat ad ftudium illuftrandae gloriae Dei et iuuandae Ecclefiae, et det arbitros harum maximarum rerum idoneos. Nam fi diiudicatio committeretur indoɕtis, et his, qui fuis affeɕtibus magis uellent morem gerere, quam confulere faluti publicae, quid futurum fit, facilis eft diiudicatio. Sed oremus Chriftum, ut Ecclefiam fuam, pro qua et orauit et paffus eft, refpiciat, eamque redigat in concordiam piam et perpetuam.

Haec fcripfi non quod de unius fententia aliquid conftituendum putem. Nemo enim in Ecclefia fibi hanc tyrannidem fumere debet, fed quia rogatus fum, bono ftudio refpondi, et fignificaui me hoc fcriptum uelut deliberationem

quan-

quandam mittere, et optare, ut plures docti communiter de tantis rebus deliberent. Non igitur pro decretis fpargi in populum debebant, et quidem profeffus fum, me conceffurum iudiciis aliorum rectius fentientium.

Der König in Frankreich schien mit diesem Bedenken, Melanchthons ganz wol zufrieden zu seyn, dem es auch ohne Zweifel Bellay von der besten Seite empfohlen haben mag. Es wurde daher von ihm so gar an den Pabst geschickt, um ihn von seiner bisherigen Strenge in Verdammung der Evangelischen Lehre abzubringen, zu einem Concilium, und zu mehrerer Nachgiebigkeit in dieser Sache zu bewegen.

Er ließ solches zugleich durch Bellay den Theologen der Sorbonne mit dem Befehl zustellen, es zu prüfen, und ihr Urtheil hierüber zu fällen. Es scheint aber nicht, daß ihnen Bellay das Confilium

---

*) Die Instruction, welche der König dem nach Rom reisenden Kardinal Bellay mitgab, befindet sich in der Puteanorum Instructions et lettres etc. p. 5. S. Gerdesii florileg. libr. rar. p. 187.

ℓ

filium Melanchthons ganz und unverändert mitge-
theilt habe; denn in seinem Schreiben an sie vom
7 August 1535 sagt er, daß diese Artickel aus verschiedenen Briefen und Piecen gezogen wären, die
ihm aus Deutschland von denienigen zugeschickt worden wären, an die er sich auf Befehl des Königs
gewendet hätte, um die deutschen Kirchen dahin
zu bringen, ihre Lehren zu mässigen und eine Vereinigung mit der Römischen Kirche zu stiften.
Allein man kann leicht erachten, da die Sorbonne
damals einen unversöhnlichen Haß und Abscheu
an ieder Verbesserung und Reformation der Lehre
und der Kirche sichtbar genug gezeigt hatte, daß sie
auch diese mit der grösten Mässigung und Beschei-
denheit verfaßten Artickel schlechterdings und ohne
Ausnahme verwarfen.

Ohne Zweifel lebten damals noch manche unter den Theologen der Sorbonne zu Paris, die
noch gar wol der Satyrischen Schrift eingedenk
waren, die Melanchthon vor 14 Jahren wider
sie edirt hatte. Ich ziele auf Melanchthons
*Aduersus furiosum Parisiensium Theologastrorum de-
cretum pro Luthero Apologia.* Hier heissen Sorbona impie delirans, die Lehrer, Sophistae, ca-
lumniatores, insulsi et bene pingues Magistri —
O infelicem Galliam, cui tales contigere censores
sacra-

facrarumque rerum arbitri, digniores, qui cloacas agant, quam qui facras litteras tractent. — Eft fui fimilis Sorbona, Chriftum inter fabros citius, quam in ifto genere reperias. *)

In bem nemlichen Jahr 1521 erfchien noch eine andere vermuthlich auch vom Melanchthon verfertigte, fehr beiffende fatyrifche Schrift mit biefer Auffchrift: *Determinatio fecunda almae facultatis Theol. Parifienfis fuper Apologiam Ph. Mel. pro Luthero fcriptam. Liber primus. Annexa eft ratio determinationis primae. Liber fecundus. Tertius liber habet quasdam regulas intelligendi fcripturas.* Von der Befchaffenheit diefer Schrift will ich mit folgendem Auszug eine Probe geben.

Iam uolumus etiam figna colligere, quibus probamus, quod ipfe Melanchthon non poffit ueritatem fcire.

Ł 2   Pri-

*) Wie fehr diefe Schrift die Sorbonniften fchmerzte, erfiehet man aus dem, was *de Cofte* in Parfait Ecclefiaftique p. 87 fchreibt: Mel. prit le perfonnage d' un bouffon pour rendre les Docteurs de Sorbonne ridicules par fes plaifanteries, a deffein d' irriter les efprits des ignorans et du commun d' entre le peuple contre cette premiere faculte de la France, de l' Europe, et de la Chreftienté.

Primum eft, quod graecam linguam docet. Quomodo eft poffibile, ut graeci fint boni Romani et Chriftiani, qui femper fuerunt rebelles et fchifmatici et haeretici?

Secundum, quod audimus, eum effe adulefcentem nondum annorum uiginti quatuor. Et ifte ac talis puer credi debet aliquid aliud, quam errari poffe, nec eft in hoc contentus, fed fcribere audet contra tam antiquam, magnam, altam, almam fcholam. Mirabile eft, quod illuftris Dux Fridericus, qui dicitur fapiens effe Princeps, non uidet puerum iftum infanire, et tolerat eum, cum deberet eum in carcerem ponere donec refipifceret. Nos enim pro alma facultate miferemur eius aetatis infanae et tenerae.

Tertium fignum eft, quod dicitur effe minore corpore et ftatura, quam fuus Magifter Lutherus. Quomodo poteft in tam paruo corpore aliqua magna fcientia effe, qualis eft in Sorbona tota, quae tam magna eft.

Quartum, quod et omnium maximum et deteftabile eft, quod non eft clericus, fed laicus, nec faltem tonfurifta. Et tamen dicitur effe Baccalaurius Bibliae, et legit S. Paulum in publica

fchola

ſchola ſine almucio, et ſacerdotes debent audi-
re unum laicum, et diſcipulus docet ſuos Ma-
giſtros, iuuenis docet ſeniores, et graecus Romanos. O Vuittemberga tu peruerſa peruertis
omnia, et uis unam Babylonem ex Eccleſia facere.

Vltimum, quod uix credere potuimus, ipſe
eſt laicus, coniugatus, et ecce, laicus habens
uxorem docet ſacram ſcripturam inter ſacerdotes, clericos et ſpirituales contra decretales Pa-
pae, qui docet, quod nemo poſſit Deo ſeruire
in matrimoniis, ideo etiam prohibuit clericis
uxores, ut Deo poſſint ſeruire et ſtudere in alea.
O quod Imperator Carolus cum Principibus
iſtam Vuittembergam ferro, flamma, igne et
omnibus uiribus euerteret funditus, quae tan-
tas peruerſitates et nouitates in fide et moribus
inuenit et ſequitur. Et eſſet tempus hoc fa-
ciendi, ne forte, quod abſit, etiam mulieres et
pueri incipiant docere, et Theologi ac Magiſtri
fieri, ſicut ſunt. Quid enim tunc fiet, niſi ut
Magiſtri noſtri fiant mulieres et pueri et ſunt
omnia peruerſa.

£ 3 Ex

Ex his ergo concludimus per locum a con-
iugatis, iſte et erroneus, et iſte eſt laicus, ergo
eſt erroneus laicus — — et e contra alma fa-
cultas eſt reƐta, ergo doƐtrina almae facultatis
eſt reƐta, et ſic patet, quod iſte apologeticus eſt
laicus, inuenis, coniugatus, paruus graecus, et
erroneus, quare impoſſibile fuit et eſt, ut ueritatem ſciret etc.

Jn dieſem komiſchen Ton iſt die ganze Piece
geſchrieben. So heftig aber Melanchthon in
dieſer Apologie wider ſeine Gewohnheit die Sorboniſten behandelt hat, ſo ſchien er dem Luther
doch noch viel zu ſanft mit ihnen verfahren zu
haben. Er ſchreibt daher in der Ueberſetzung derſelben: Obwol mein lieber Philippus ihnen wol
meiſterlich geantwortet hat, ſo hat er ſie doch
zu ſanft angerührt, und mit dem leichten Hobel
überlaufen. Jch ſehe wol, ich muß mit den
Baueräxten über die groben Blöche kommen, und
ſie recht walbrechten. Sie fühlens ſonſt nicht.

Die Erinnerung an dieſe Schmähſchriften allein konnte ſchon bey den Sorboniſten hinrei-
chend ſeyn, alle Unterhandlungen mit den Proteſtanten zu verabſcheuen. Ueberdies verdrängte
auch)

auch die Furcht, ihre Gemächlichkeit, ihr Ansehen, und ihre einträglichen Güter durch eine Reformation zu verlieren, iedes Gesuch, sich mit den Protestanten weder mündlich noch schriftlich einzulassen. Sie mißrathen daher dem König alle fernere Handlungen mit ihnen, und baten ihn, sich von den Deutschen vorher folgende Fragen beantworten zu laffen. Ob sie alle Bücher der h. Schrift für heilig und katholisch hielten? ob sie glaubten, die Kirche könne nicht irren? und daß Petri Nachfolger allezeit das öffentliche sichtbare Haupt derselben gewesen? ob sie die Satzungen der Kirche, Concilien und Päbste annähmen und billigten? ob sie zum Verstand und Erklärung der Schrift die Kirchenväter zuliessen? u. d. m.

Doch ich will auch diese Urkunde hier ganz abdrucken laffen, damit der Leser selbst urtheilen kann. Sie befindet sich in d' Argentrè collect. iudiciorum de nouis erroribus T. I. P. II. p. 395. und ist folgenden Inhalts:

le *Guillaume du Bellay*, Seigneur de Langey, l'un des Gentils hommes de la chambre du Roy, certifie, que les Articles cy deffus efcrits font extraits de plufieurs cahiers et lettres, qui m'ont efté à diverfes fois envoyés d'Allemagne par ceux, ausquels je m'eftois par ordonnance du dict Seigneur adreffé, pour attirer les Eglifes d'Allemagne à moderer leurs opinions et doctrines, ès quelles elles s'eftoient alienées de l'Eglife Romaine, et pour icelles Eglifes revoquer et reduire à union. Et les quels Articles j'ay par le commandement du dict Seigneur baillé à Meffieurs les Deputés de la facreé faculté de Theologie, pour en avoir leur advis, et prendre d'eux inftruction de ce que j'auray à dire aux dicts perfonnages au pays d'Allemagne, pour les attirer et induire à fuffifante moderation de leurs dictes opinions et doctrines et à vraye union et fubmiffion à la dicte Eglife Romaine. Pour laquelle fin le dict Seigneur me renvoye prefentement au dicts pays d'Allemagne, en tefmoin de cefte verité j'ay figné la prefente, ce 7 jour d'Aouft, 1535.

Guillaume du Bellay.

Et pour ce que mon dict Seigneur de Langey follicitoit fort diligement la faculté, pour avoir les inftructions fur les dicts Articles, la facul-

faculté advifa efcrire au Roy lettres, dont la teneur s'enfuit; pendant que les diêtes inftruêtion fe feroient. Pour les quelles porter au Roy fût élu noftre Maiftre *Balve* pour aller en cour, et luy fut baillé pour l'affocier Maiftre *Iacques Petit Bedeau.*

Sire, Nous avons receu la lettre, qu'il a plû à voftre Majefté nous efcrire : et outre cela entendu voftre bon et faint propos, que avez declaré á nos Orateurs, dont tous avons remercié et remercions Dieu, en lui fuppliant vous donner la grace d'y perfeverer.

Sire, en obeiffant à voftre commandement, le Seigneur *de Langey* a mis entre nos mains le 7 de ce prefent mois les Articles contenants la confeffion des Germains. Et pour les voir felon voftre ordonnance, avons deputé aucuns d'entre nous, gens entendus, fçavans, et en telles affaires exercitez : les quels ne ceffent et ne cefferont de befoigner aux diêts Articles jusques à l'accompliffement d'iceux, pour toutes fois, qu'il vous plaira commander, en informer amplement voftre Majefté. Et cependant ont

Ꝑ 5   efté

esté d'advis pour le bien et salut de vostre Royaume vous avertir de ce qui s'ensuit.

Premierement comme il apert par le commencement des diéts Articles, les des diéts Germains ne demandent seulement le contenu d'iceux leur estre condonné, mais aussi veulent contre vostre sainte et catholique intention, que en ce leur cedions, en nous retranchants, comme S. Augustin, d'aucunes cerimonies et ordonnances, que l'Eglise a jusqu'icy observées. Qui est, Sire, demander de nous retirer à eux plus, qu' eux se convértir à l'Eglise.

Sire, aussi aux diéts Articles sont contenues plusieurs choses contre l'escriture sainte ou determination de l'Eglise, que n' entendez estre mises en avant. Comme on peut voir en l'Article *du jeusne et election de viandes*, ou il afferme, jeusne ne devoit estre commandé ne discretion de viandes gardée, qui est repugnant és escritures et saints conciles.

Sire, en l'Article *de l' honneur des Saints*, de leurs images et statues, ils demeurent en cette opinion, qu'il n'est bon adresser son orai-

son

son aux Saints, ne leur attribuer aucunes prerogatives de chasser maladies et autres incommoditez, qui est contre l'escriture, la louable et devote accoutumance de l'Eglise, dicts des saints Docteurs, et experience du don que vostre Majesté a de Dieu de garir (guerir) des ecrouelles.*)

. Sire, en l'article *de la Messe* ils otent les Messes privées contre la reception et usage de l'Eglise, au grand prejudice et detriment des vivants et des morts, pour le salut des quelles elles ont esté institués.

Sire, en l'Article *du Sacrement de l'autel et Eucharistie* ils veulent, que nulle question soit proposée de ce saint Sacrement, qui ne se puisse former des termes pris de la sainte escriture, et non d'autre lieu. Qui est injurieux

aux

---

*) Vermuthlich wolten diese Theologen den König badurch wider die Evangelischen aufbringen, daß sie hier sagten, da sie den Heiligen die Gabe gesund zu machen absprächen, so würden sie auch nicht glauben, daß der König Kröpfe heilen könnte, welches doch die Erfahrung bestättige. Solcher elenden Gründe bedienten sich diese Männer!

aux Conciles et faints Docteurs, les quels veritablement en efcrivent en autres termes, ufant fpeciellement de ce mot, transfubftantiation, pour declarer en ce faint Sacrement le pain et le vin par les paroles Sacramentelles, eftre convertis et transfubftantiez au vray corps de noftre Seigneur. Ce que ne recoivent. Qui eft l'erreur de Luther en cefte matiere.

Sire, en l'Article *des Monafteres, voeux et continence des Moines* ils demandent le Pape difpenfer generalement avec les Religieux, qu'ils puiffent toutes fois qu'ils voudront fortir de leurs monafteres, abfous de leurs voeux, aux quels toutes fois de droit divin font tenus et obligez. Et par ce nous demontrent fuffifamment, qu'ils ne querent fors l'everfion de toute religion. Veu que telle doctrine eft de long temps damnée par les faints Conciles. Et n'eft moins perilleux ce qu'ils difent en l'Article fubfequent, qu'ils ne voyent point de caufe, pour la quelle on en puiffe difpenfer, que les Preftres ne fe marient. Qui eft contre la determination de toute ancienne couftume de l'Eglife.

Sire,

Sire, en d'aucuns des Articles ils difent une partie de verité. Mais ils ne difent pas affes comme nous. Au premier, ils confeffent la Police ecclefiaftique eftre fainte et utilé, mais ils obmettent, qu'elle foit neceffaire et inftituée de Iefus Chrift, et en cette forte parlent és autres Articles de chofes, qu'ils appellent indifcrettes, de la communion fous les deux efpeces, de la confeffion, juftification, de la foy, et des oeuvres, du purgatoire, et libre arbitre. Es quels Articles font contenues plufieurs chofes fufpectes et dangereufes.

Sire, ces chofes confiderées nous femble en tout honneur et reverence qu'il eft à craindre que les Aucteurs des dicts Articles fous ombre de fe reduire, ne machinent feduire voftre peuplé. Et de ce ne pourrions vous donner meilleur argument, que des affemblées plufieurs fois faictes en Allemagne fous ombre d'union et concorde, des quelles n'eft Iffu que diuifion, difcordes et perdition de infinies ames. Toutefois, Sire, s'il plaifoit à voftre Majefté leur faire envoyer les queftions, qui s'enfuiuent, on pourroit par leur refponfe connoiftre, s'il avoit en eux aucune efperance de reduction.

Pré-

Premierement leur foit demandé, s'ils ueulent confeffer l'Eglife militante fondée de droit
divin eftre indeviable en la foy et bonnes
moeurs. De la quelle fous, noftre Seigneur I. C.
a efté le chef S. Pierre et par ordre les fuccef-
feurs d'iceluy.

Item, s'ils ueulent obeir a la dicte Eglife,
et confentir a.fa doctrine et determination comme vrays enfans et fujets d'icelle.

Item pour autant qu'ils defirent en l'Eglife
eftre confentement de doctrine leur foit demandé s'ils ueulent recevoir tous les livres conte-
nus en la Bible, comme faints et catholiques.

Item, s'ils veulent adjouter foy és Canons
et Decrets des Papes, reçus et approuvés par
l'Eglife.

Item s'ils veulent recevoir les determina-
tions et Decretes des Conciles generaux de l'-
Eglife.

Item s'ils veulent admettre les Docteurs de
l'Eglife, Sainct Ierofme, S. Ambroife, S. Augu-
ftin, S. Gregoire et autres celebres et fameux,
tant Grecs, que Latins, a l'expofition de l'efcriture

ture fainête en ce qui concerne a la foy et bonnes moeurs.

Item s'ils veulent recevoir les bonnes et louables couftumes de l'Eglife de tout temps obfervées et gardées.

Sire, s'ils ne veulent affirmativement et abfolument refpondre és queftions precedentes, qui font les principes de noftre foy, ou ne pourroit efperer d'eux aucune emendation. Et ou ils les recevroient, il nous femble chofe decente à voftre Majefté de les induire par la foy reverénce et grande devotion, que vous portez au S. Sacrement de l'autel, que ceux qui par cydevant ont éfcrit et publié livres contre la verité du dièt Sacrement, efcrivent et publient livres au contraire et pour la verité, ainfi qu'ils font tenus de droit naturel et divin, afin que ceux qui ont efte feduits par les premiers livres fe puiffent par les feconds reduire.

Sire, apres tous avoir faiêt nos tres humbles recommandations à voftre bonne grace, nous fupplions le Createur vous donner en toute profperité longue vie, et à la fin la couronne

de

de juſticé. De Paris le pénultieſme d'Aouſt, 1535.

Vos tres humbles Orateurs, et tres obeiſſant Sujets, les Doyen et Docteurs de la faculté de Theologie, et voſtre Vniverſité de Paris.

Tannel.

Sie fertigten aber auſſer dieſem noch eine be= ſondere Antwort auf alle Artickel Melanchthons, worin ſie nicht das geringſte nachgaben, und alle bisherigen noch ſo groben Mißbräuche und Irr= lehren mit den elendeſten Gründen auf das hart= näckigſte zu vertheibigen ſuchten. Hilarion de Coſte *) in le parfait Eccleſiaſtique on l' Hiſtoire

de

*) Eben daſelbſt p. 92 ſtehen folgende Verſe von Cle= mens Marot:

Lyon ueux tu, que je te die?
Ie me trouve diſpos des levres,
Et d' autres beſtes, que les chevres,
Portent barbe griſe au menton.
Ie ne dis pas, que Melancthon
Ne declare au Roy ſon avis,
Mais de diſputer vis à vis
Nos Maiſtres n'y veulent èntendre.

de la vie et de la mort de François le Picart (a Paris 1658. 8) p. 3$\overset{4}{3}\overset{}{3}$ gibt als Verfaſſer dieſer Schrift zween Theologen der Sorbonne an, Robert de Bouchigny und Iean Ballue, und ſetzt hinzu: deux puiſſans appuis de l' Eglife, et les fleaux du Lutheranifme, pour avoir ecrit contre les articles de Philippe Melancthon, le chef des mols Lutheriens, par lesquels cet Herefiarque monftroit, que l' on pouvoit accorder les deux Religions, et fon difcours qu' il envoya au Roy François I. qui porte ce titre: Confilium de moderandis controverfiis ad Gallos, le confeil aux François pour moderer les controuerfes.

Ich liefere nun dieſe Antwort der Sorbonne ſelbſt, die uns *d' Argentré* in Collectione iudiciorum de nouis erroribus T. I. P. II. p. 397—400 und *Crevier* in Hift. de l' Acad. de Paris T. V. p. 293 etc. aufbewahrt haben. Sie hat folgende Aufſchrift:

M.   *Facultatis*

Facultatis Theologicae Parifienfis Inftructio in articulos Melanchthonianos.

I.

De poteftate Pontificia.

Firmiter tenendum eft, hierarchiam ecclefiafticam, quam politiam ecclefiafticam nonnulli
uocant, non folum fanctam effe et utilem, fed et
iure diuino inftitutam, quae usque ad confum-
mationem faeculi perduratura eft. Nec in humana fitum eft poteftate illam inftituere aut de-
ftituere. Cuius quidem hierarchiae ecclefiafticae eodem iure diuino monarchica poteftas eft
papalis, cui quilibet fidelium fubeffe ignofcitur,
cui adiungitur epifcopalis dignitas et plebana,
fiue parochialium curatorum: quibus omnibus iuxta fuos gradus competit oues Chrifti pafcere. Nec tamen fi aliqua a Patribus
fancte inftituta, in quo lapfu temporis inciderunt
abufus, immutantur, adeo iam deperit fides, aut
aliqui articuli fidei neceffarii ueniunt delendi.

II.

De traditionibus humanis rerum indifferentium in genere.

Firmiter tenendum eft, fuperftitionem non
effe, fed ueritatem Catholicam iuri diuino inni-
xam,

xam, Ecclesiam posse iuste obligare fideles ad
aliqua praecepta disciplinae, ut sunt ieiunium,
delectus ciborum et pleraque consimilia, ad quae
alias non tenerentur. Talia enim ad uirtutes
comparandas conducunt, et ad faciliorem seu
commodiorem diuinorum praeceptorum adim-
pletionem, per quae sane Deus placatur, et fla-
gella sua amouet, promerentur Christiani, uitia
comprimuntur, magna acquiruntur satisfactio-
nis emolumenta.

III.
De ieiunio, castigatione carnis et ciborum delectu.

Firmiter tenendum est, prudenter et reli-
giose Ecclesiam certa praecepisse ieiunia, et
praescriptum delectum ciborum fidelibus neces-
sario obseruanda. Atque huic sententiae nullus
catholicorum Doctorum recte intellectus refra-
gatur. Quodsi multi huiusmodi salutaria Ecclesiae iussa deprauato affectu corrupti non ob-
seruant, nequaquam propterea illa auferri operae pretium est: neque recte iugum Christi per
se leue uariarum constitutionum ecclesiasticarum
onere aggrauatur, quandoquidem pauca sunt

Eccle-

Ecclefiae praecepta uniuerfaliter omnes fideles obligantia, quae Deo auxiliante, qui nulli fuam denegat gratiam, non admodum reperiuntur difficilia. Afferere praeterea, quod nulla lex ieiuniorum ferri ualeat in tanta hominum et complexionum inaequalitate, hominis eft leges Ecclefiae non fane intelligentis. Nonnulla infuper fuerunt olim Iudaeorum ieiunia ad capitalem noxam illos obligantia, ut legentibus fcripturas patere poteft.

IV.

De cultu Sanctorum et eorum imaginibus et ftatuis.

Firmiter tenendum eft ex fanctis fcripturis, conciliis et fanctorum Doctorum monumentis, quod fanctae et pie fidelium orationes ad Sanctos, tanquam ad eorum Patronos et Interceffores fub Chrifto immediate diriguntur. Huiusmodi autem directio diuino cultui minime derogat, cum nulla ad Sanctos oratio dirigatur, quae non potiffimum et principaliter in Deum feratur. Sed neque per hoc diuinae clementiae quouis modo detrahitur, aut merito paffionis Diuina nempe mifericordia et Chrifti paffio praecipua

cipua eſt et firmiſſima anchora fiduciae Chriſtianorum, cui in mari huius ſaeculi maxime innituntur, et ea iam praemuniti, precibus et meritis Sanctorum haud futiliter ſe confidunt adiuuari, quos magnopere eniti debent imitari. At uero ubi eos contingeret uitam et mores Sanctorum nequaquam aemulari, et tamen eos orare, non propterea idololatriam committere aſſerendi ſunt. Neque enim Pharao, quamuis Deum non timeret, idololatriae crimen admiſit, rogando Moiſen et Aaron, et auferrentur tonitrua et grando a ſe et populo ſuo. Neque ſuperuacanea fuit aut inutilis eius deprecatio. Idololatrae item neutiquam cenſentur, qui ſtatuas et imagines Sanctorum colunt, quas adorandas ſeptima oecumenica Synodus apud Nicaeam celebrata decernit, at non utique ea religione, aut cultu, qui ſoli Deo competit; id quod aut facile non admonitum rude uulgus intelligit. Abuſibus tamen, ſi qui in huiusmodi rebus eueniunt, uigilantia ſuperiorum occurrendum eſt. Verum propter abuſus impium eſt, inficiari diuerſas diuerſis Sanctis uirtutum et miraculorum diuinitus conferri praerogatiuas. Illae enim ſcripturis et Sanctorum dictis nec non et unanimi po-

M 3   pulo-

pulorum colentium retro faeculis confenfu com-
probantur,

V.

De Missa.

Firmiter tenendum eft, Miffam diuinum
effe inftitutum, non humanum, quae fiue publice fiue priuatim et peculiariter dicatur, uerum
eft facrificium, uiuis plurimum conducens et de-
funêtis in peccatorum remiffionem et fatisfactio-
nem. Excellenti enim innititur merito paffionis
Chrifti, unde uirtus procedit facramentorum,
Quare non folum ex deuotione ualet celebran-
tis, fed praecipue ex uirtute et merito Chrifti,
quod ibi applicatur - ex eius ordinatione, et a
plerisque opus operatum folet appellari : et
quia tantus eft ualor Miffae a quibuscunque Sa-
cerdotibus, fiue bonis fiue malis celebretur, non
eft contemnenda, Porro celebrantibus iure tri-
buuntur temporalia, qui ea accipientes repre-
hendi non debent, aut uocari nundinatores,
quamuis magnus fit numerus Sacerdotum cele-
brantium, et uitae fubfidium celebrando fufci-
pientium. Voluit enim Deus, ut docent fcriptu-
rae, multos in lege ueteri fuo altari miniftrare,
et miniftrando honefte fuftentari, nec pauciores,

imo

imo longe plures in lege noua uoluit ordinari
altari miniftros, qui ut fcribit Malachias, in
omni loco fuo fan&o nomini facrificent, et obla-
tionem mundam offerant. At uero, licet multi-
tudinem delegerit Dominus Miniftrorum, optandum tamen et enitendum, ut tales illi habean-
tur, qui digne ambulent fua uocatione, quo
fan&te et pure fan&am hanc et falutarem obla-
tionem crebro offerre atque fufcipere mereantur, ex qua nimirum uberes fru&us et miffam
celebrantibus et audientibus folent prouenire,
quoties diuinae maieftati in miffa offertur. Im-
menfi enim eft ualoris et fidelibus iuftis atque
iniuftis magna affert et uitae, quae nunc eft et
futurae emolumenta. Proinde male fuae faluti
confulunt, qui miffas priuatas auferendas decer-
nunt. Ingentibus namque commodis fe et alios
defraudant. Quod pia mater attendens Ecclefia fupra annos mille in hunc usque diem fer-
uandas illas longaeua fua confuetudine edocuit.
Quamobrem iis, qui talia moliuntur, et quaerunt fibi concedi, plane refpondendum eft: ne-
fcitis, quid petatis. Caeterum fi malitia et im-
probitate miniftrorum in re tam fan&a contin-

gant

gant abufus, ut fere fit in omni re bona, non propterea illa tollenda eft. Sed ipfi abufus, quibus olim fatis fuperque prouifum eft per concilia et fummorum Pontificum decreta, mode Epifcopi et ii, quorum intereft, fumma diligentia uigilent, et delinquentes poena metuque coerceant, ut in pofterum a fuis refipifcant er-·roribus.

VI.

De Sacramento Euchariftiae.

Firmiter tenendum eft in uenerabili et facrofancto euchariftiae facramento corpus et fanguinem Chrifti realiter et uere fub 'fpcciebus panis et uini contineri, ubi neque corpus panis materialis, ʾneque uinum materiale fanguis dici debet. Sed haec materialia poft debitam uerborum facramentalium prolationem poteftate diuina transfubftantiantur in uerum corpus et fanguinem Chrifti. Atque hoc eft uerum illud et iuge facrificium et facramentum, quod non paffim ab omnibus confici poteft, nempe non a Laicis et mulieribus, fed a folis facerdotibus, rite fecundum claues Ecclefiae ordinatis, quas Chriftus apoftolis et eorum fuccefforibus conceffit; ab omnibus autem adultis baptizatis,

dignis

dignis et indignis fumitur, uerum tamen fortó
inaequali, his quidem ad falutem, illis uero ad
iudicium, Porro ad Catholicorum inftructionem
et haerefium extirpationem ualde utile et faepe
neceffarium efl, cum de hoc facramento agitur,
aut aliis diuinis myfteriis, certa uerborum forma uti in facra fcriptura non expreffa, ut his
uerbis, transfubftantiatio, confubftantialitas, ef-
fentia diuina, perfona, trinitas, et plerisque aliis,
Ecclefiae exemplo antiquos fanctos Doctores
imitando.

VII.

De communione fub utraque fpecie.

Firmiter tenendum eft, non effe iure diuino
praeceptum, quod Laici fub utraque fpecie fu-
mant euchariftiam; neque hoc ex euangeliis, epi-
ftolis Pauli et factis Chrifti colligi poteft. His fiquidem quos Chriftus fub utraque fpecie com-
municauit, inftituens hoc facramentum, praece-
pit, ut idem facerent, quod ipfe fecerat, hoc eft,
conficerent, feu confecrarent euchariftiam, di-
cens: Hoc facite in meam commemorationem,
id quod nullis Laicis competere poteft, fed folis
facerdotibus. Proinde iuftis caufis inducta Ecclefia fapienter longo ufu feruauit, fimul et fuo

M 5   de-

decreto fanciuit, Laicos fub unica fpecie panis communicandos. Quapropter ea in re non opus eft Ecclefiam fuum immutare inftitutum. Verum aequum eft omnes fideles, qui filii funt Ecclefiae, matris obtemperare iuffis.

VIII.

De Confeffione.

Firmiter tenendum eft, Confeffionem facramentalem non humanitus, fed diuinitus a Chrifto claues facerdotibus conferente inftitutam, quae fic ad falutem adultorum poft baptifmum requiritur, ut non fufficiat Deo omnia fua peccata mortalia confiteri, nifi ea facerdoti, quantumuis fint occulta, detegantur. Nec fane fuperftitiofa cenfenda eft enumeratio mortalium peccatorum et circumftantiarum lethaliter aggrauantium, cum fit neceffaria integritati confeffionis facramentalis. Et quia ad exonerandas atque expurgandas confcientias illa ordinatur, magnopere caueri debet in ea nimia feueritas, curiofa interrogatio, indifcreta poenitentiarum impofitio, et quaecunque a tam utili et neceffario Sacramento fideles retrahere poffunt. Porro quemadmodum non ualet hanc facramentalem confeffionem fummus Pontifex inftituere, ita nec

in

in potestate eius est, eam et eius obligationem prorsus destituere, aut tollere.

IX.

De iustificatione, fide et operibus, et primo de fide.

Firmiter tenendum est, fidem, spem et charitatem, tres esse uirtutes distinctas, et fidem infusam posse esse sine charitate, et tunc dicitur mortua, nec eam sufficere ad salutem cum gratia etiam gratis data praeueniente, quae dicitur benignitas Dei gratuita eius bonitas, assistentia Dei, illustratio, inspiratio, aut bona motio eius. Errant itaque illi, qui fidem et fiduciam confundunt, dicentes, fidem esse fiduciam et non aliud, quam fiduciam, cum fides ad intellectum spectet, fiducia uero ad effectum. Errant insuper, qui asserunt, certo cognosci certitudine fidei citra diuinam reuelationem specialem, se esse praedestinatos, aut in statu gratiae, quamuis credere, et certo sperare debeat quisque fidelis se saluandum, si in bonis operibus cum Dei gratia perseuerans decesserit.

X.

X.

De libertate uoluntatis, impletione legis, et bonis operibus, quomodo fint Dei et noftra, et an fiduciam aliquam habere poffimus in illis.

Firmiter tenendum eft, Deum hominem tanta donaffe libertate, etiam poft lapfum primi parentis, ut ficut fuapte natura uoluntas eius habet, quod fit ad malum flexibilis, ita etiam uoluntas adiuta Dei bonitate et uirtute fuapte natura habet non folum praecauere delicta, uerum quoque et bene agere: adiungendum eft, adiuncta Dei bonitate et uirtute: nam cum non fimus fufficientes cogitare aliquid ex nobis, quafi ex nobis, fufficientiam nos habere ex Dei mifericordia et merito Chrifti exploratum eft; non negato tamen liberi arbitrii ufu et poteftate, quo fit, ut fufficienter cum Dei gratia legem Dei implere poffimus ad uitam aeternam confequendam, quantum nobis praecipitur pro ftatu uiae; cum neque nobis impoffibile praecipiat, et ultro fuum femper offerat auxilium, ad bene agendum et praecauenda peccata. Sic quoque noftra merita Dei dicuntur, ut primarii auctoris, cui debetur

betur primatus meritorum, et principalis a&io :
noltra itidem dicuntur merita, cooperatores enim
Dei fumus, qui adiuuat imbecillitatem noftram,
et mercedem quisque accipiet fecundum fuum
laborem, ac reddet unicuique Deus iuxta opera
fua. Quae quidem opera non folum teftimonia
funt, exempla, figna et fru&us fidei, fed et fpei
et charitatis, per quae tamen ingens nobis ac-
crefcit cumulus meritorum, in quibus fub Chrifto fecundario et minus principaliter fiduciam
aliquam habere poffumus propter gratiam et
promiffionem Chrifti, qui nos fecit dignos in
partem fortis fan&torum fuorum in lumine, quanquam tamen principaliter omnem fpei noftrae
anchoram et fiduciam in Chriftum fatemur. Et
idem exiftimandum de peccatorum remiffione,
quae principaliter nobis contingit per Dei mifericordiam et propter Chriftum, qui fa&us eft
omnibus obtemperantibus fibi caufa falutis ae-
ternae : fecundo tamen et minus principaliter
per contritionem noftram, quae fuam habet
dignitatem a charitate et bonitate Dei.

XI.

XI.

*Vnde proueniat dignitas bonorum operum?
De neceſſitate iuſtitiae bonorum operum et, iuſtitiae bonae conſcientiae, et quod requiratur
Spiritus ſanctus in remiſſione peccatorum: et in
quibus ipſe Spiritus ſanctus non maneat.*

Firmiter tenendum eſt, dignitatem operum
meritoriorum non ex fide ſolum, quam in Chriſtum habemus, procedere, ſed etiam ex gratuita Chriſti promiſſione et conuentione eiusdem,
modo non ſit otioſum liberum arbitrium: uerum
etiam eiusmodi bona opera efficiat ex charitate.
Ea nempe opera ſunt, quibus homines iuſti Deo
placent, eumque promerentur, atque coram Deo
digne ambulant. Vnde liquido conſtat, iuſtis
neceſſariam eſſe iuſtitiam bonorum operum nec
non et iuſtitiam bonae conſcientiae, in qua glo-
riabatur Apoſtolus, quodque in remiſſione peccatorum detur Spiritus ſanctus, et in iis non
maneat, qui mortalia peccata committunt, hoc
eſt, quae facta ſint contra conſcientiam, legem
Dei, aut contra Eccleſiae ſeu ſuperiorum nonnulla praecepta.

XII.

XII.

De Parentalibus, Missis pro defunctis et Purgatorio.

Cum in utroque Testamento exempla proponantur, quibus monstratur Deo placere, quod fidelium funera officiosa pietate curentur, celebrentur exequiae, sepulturae prouideatur, per quae certe fides adstruitur resurrectionis corporum et pietatis officia implentur, pio sane et christiano more haec in funeribus Christianorum exhibentur, dum praeeunte cruce, mortui cum honore, honesto comitatu, accensis luminaribus, clero canente et caeteris orantibus in terra sancta sepeliuntur. Haec enim pia obsequia corpori resurrecturo et in aeternitate mansuro etiam fidei resurrectionis testimonium perhibent atque sepultum ostendunt in uita crucem Domini portasse, merito passionis Christi innixum esse, et tandem hinc cum lumine fidei migrasse. Et haec quidem bene fiunt, et uiuorum pro bona parte sunt solatia. Sed addenda sunt et alia subsidia mortuorum. Quamuis autem praestaret unumquemque uita comite praeesse bonis operibus, quam alium post mortem praeficere, sanctum

tamen

tamen et falubre et ritui Ecclefiae conforme eft,
et catholicorum Doctorum fententiae, eos, qui
cum Dei gratia ex hac luce deceffere, et nondum
pro fuis peccatis plene fatisfecerunt, precibus,
oblationibus, miffae facrificio, ieiunio, eleemo-
fynis, aliisque piis operibus iuuare, quibus poena in purgatorio fuftinenda relaxatur. At pur-
gatorium ponendum effe, et fanctae litterae, et
catholici Doctores oftendunt, de quo in concionibus ad populum fermonem habere expedit.
Hinc enim inducitur populus animas illic exi-
ftentes fuffragiis et caeteris mifericordiae operibus fubleuare.

Ich zweifle faft, ob diefe Antwort der Sorbonniften auf Melanchthons Confilium demfelben
zugefchickt worden fey, wenigftens finde ich nirgends
in feinen Briefen einige Meldung hievon. Vermuthlich hielten der König felbft, und die Brüder
Bellay, die gewiß mit dem Inhalt derfelben unzufrieden waren, nicht für rathfam, folche nach
Deutfchland zu fchicken. Denn da fie in keinem Artickel nachgaben, vielmehr die gröbften Misbräuche
auf das ftrengfte vertheidigten, fo konnte auf keine
Weife eine Vereinigung geftiftet werden.

Doch

Doch ließ sich der König auch hiedurch noch nicht abschröcken, seinen Versuch aufzugeben. Er gab vielmehr seinem Gesandten, Wilhelm Bellay, neuen Befehl, auf dem im December 1535 zu Schmalkalden gehaltenen Convent sich mit den Protestantischen Fürsten abermals zu unterreden, und ihnen seine Gesinnungen wegen des überschickten Religionsbedenken in allen und ieden Artickeln zu eröfnen.

Diese waren ganz sanft und gelind, und gerad das Gegentheil von dem, was seine Theologen lehrten. Er erklärte die mehresten Artickel Melanchthons für gut und christlich, und billigte sie gröstentheils. Diese bis zum Erstaunen geäußerte Nachgiebigkeit des Königs, die seinem vorigen harten Verfahren gegen die Evangelischen, und seiner bey der Procession gehaltenen Rede ganz entgegen war, ist aber auch Ursache, daß man zweifeln muß, ob auch sein Herz damit übereinstimmte, ob er nicht einen frommen Betrug gespielt, und blos aus politischen Gründen, und in der Absicht, gehandelt habe, die deutschen Fürsten auf seiner Seite zu behalten, und sie vom Kayser abzuziehen. Daher hat auch schon Seckendorf vermuthet, es sey ihm kein rechter Ernst gewesen, die Kirche zu verbessern. Aliud corde pressit, aliud ore effatus est, spricht er L. III. p. 105. und Herr Doktor Plank in seiner vortreflichen Geschichte des Protest. Lehrbegrifs in der er-

N   sten

ften Abtheilung des dritten Bandes sagt S. 319
ganz bestimmt: der König habe alle Künste der Ver-
stellung und des Betrugs durchgespielt — sich zu der
schändlichsten Falschheit herabgelassen — den grösten Eifer zu einer Reformation der Kirche af-
fectirt. —

Da besonders den Katholicken diese Sache,
wenn sie wahr ist, sehr unglaublich und unangenehm ist, daß ihr Allerchristlichster König den Evangelischen so vieles nachgegeben haben soll, so be-
mühen sie sich, die ganze Sache zu läugnen, und
solche als eine Lüge zu erklären. Daher schreibt
Maienburg in Hiſtoire du Lutheraniſme p. m. 232.
C'eſt icy, qu'il faut neceſſairement, que je decou-
vre une inſigne impoſture de Sleidan, qui pour faire honneur à ſa ſecte, fait parler en cette occaſion
Guillaume du Bellay d'une maniere à faire croire á
ceux, qui ne connoiſtroient párt la malice de cet
ecrivain, que François I. eſtoit Lutherien —.

Allein daß Sleidan hier die reine Wahrheit
geschrieben, hat nachher Seckendorf unwidersprech-
lich dargethan. Er liefert nemlich L. III. p. 105.
aus dem Weimarischen Archiv den eigenhändigen
Bericht von diesem Gespräch,*) welchen Spalatin
aus

*) Auch Melanchthon gedenket desselben ganz kurz,
wenn er vom 24 December an Camerar schreibt:
Fue-

aus dem Munde des französischen Gesandten auf=
gefangen und nachgeschrieben hat, und nach der
deutschen Ausgabe von Frick S. 1447 ff. also lautet.

Die Aufschrift dieser Urkunde ist :

Was des Königs in Frankreich *Orator, Guilielmus Bellaius Langaei Dominus* mit D. Pon=
tano Chursächsischen Kanzler und den
andern *) *fer. 2. post Dom. IV. Adv.* (den
20 Decemb.) zu früh gehandelt.

I. Was den Primat des Pabsts belange, halte
es der König mit den unsern, daß nemlich der Pabst
solchen nur aus menschlichem, nicht göttlichem Recht
habe. Der König in England wolle auch nicht zu=
geben, daß er solchen aus menschlichem Recht besitze.
Denn bisher habe sich der Pabst zu Rom unter=
standen, Könige ab = und einzusetzen nach seinem Ge=
fallen; wie er auch ietzo damit umgehe, ein solches
in England zu thun, obgleich der König in Frank=
reich dawider bitte, und die Kardinäle selbst solches
abbitten und widerrathen, jener auch weder den
Röm. Pabst noch allen seinen Anhang fürchte.

N 2   II. Unsre

Fuerunt hic (Smalcaldiae) Anglorum et Gallorum legati. Gallus molitur διαλλαγην dog-
matum, quam ipsa etiam accipiat Gallia.

*) Diese waren Melanchthon, Jacob Sturm, Straß=
burgischer Gesandter, u. a.

II. Unſre Meinung vom Sacrament des h. Abendmals gefalle dem König, nicht aber ſeinen Theologen, als welche die Verwandlung auf alle Art und Weiſe zu erhalten ſuchen. Demnach ſuche der König was gewiſſes, auf dem er beruhen kön= ne: denn er ſey allein Herr in ſeinem Reich.

III. Von der Meſſe (zu dieſem hat der Kön. Orator auch) das Gebet, die Anruffung und die Für= bitte der Heiligen gezogen) ſey ein groſſer Streit. Hievon halte der König alſo: Unſre Leute müſſen etwas nachgeben, ia die unſern müſſen ſeine Meſſe zulaſſen, man müſſe auch Maaß halten, und täglich in den Pfarrkirchen nicht mehr als drey halten, die erſte für Taglöhner und für Bediente, die zwey übrigen für die andern. Der König meine auch, es ſeyen viel Gebetsformeln und Legenden als un= geſchickt und gottlos abzuſchaffen oder zu verbeſſern; denn es ſeyen viele ungereimte nnd lächerliche Din= ge darinnen, wie das von Carolo Magno, darum müſſe man die Dinge in den alten Stand bringen. Denn der König habe geſagt, er habe ein altes vor vielen Jahren geſchriebenes Gebetbuch, worinnen nichts von der Fürbitte der Heiligen ſtehe: er habe auch gehört, daß Beſſarion einſtens geſagt, die neuen Heiligen machen ihm mehr Arbeit, als die Alten. Es halte demnach der König in dem Artickel von Anruffung und Gebet mit uns, achte aber dennoch dafür, man könnte in dem Gebet der Heiligen alſo

Meldung

Melbung thun, daß wenn z. E. die Gedächtnis Petri und Pauli, wie sie Schifbruch gelitten, vorkä-
me, wir bäten und glaubten, daß wir auch in Gefahr und Noth werden erlöset werden. Zum Gedächtnis und nicht zur Fürbitte.

IV. Der König billige auch unsre Meinung von
Bildern der Heiligen also, daß man das Volk unterrichte, sie seyen nicht anzubeten, sondern können
zum Gedächtnis behalten werden.

V. Vom Verdienst der Heiligen bleiben die
franz. Theologen hart auf ihrer Meinung, und sagen, sie verdienen, daß sie für uns erhört werden:
hier sey nun dahin zu arbeiten, daß der König die
Wahrheit verstehe.

VI. Dem König gefalle auch unsre Meinung
vom freyen Willen. Denn obwol selbige erstlich
den Theologen mißfallen, so seyen sie doch, nachdem
sie Philippi Locos gelesen, unsrer Meinung beyge-
fallen.

VII. Das Fegfeuer vertheidigen die Theologen aufs heftigste, als woran die Messe, Ablaß,
Vermächtnisse, und Stifter Meßkram, und kürzlich
alles hange. Denn sie sehen wol, daß ihnen sonst
Gelegenheit entfiele, zu Gütern, Ehren und allem
zu gelangen. Als ihnen demnach der König einige
Monate Frist gegeben, und sie solche angenommen,

N 3   haben

haben ſie doch den König keine Antwort gegeben, ob ſie wol verſprochen, das Fegfeuer aus der Schrift zu beweiſen. Endlich als der König in ſie geſetzt, haben ſie geſagt, man müſte den Feinden das Schwerd nicht in die Hände geben, denn wo ſie hievon etwas ſchriftlich auffetzten, würden es die unſern widerlegen. Es dünkt deswegen ihm dem Orator nützlich zu ſeyn, wo eines der unſern vom Fegfeuer an den König eine Schrift ſtellte.

VIII. Von den guten Werken bleiben die Theologen ſtark auf ihrer Meinung, nemlich: gute Werke ſeyen nöthig. Er habe ihnen aber geantwortet, wir ſagen auch, ſie ſeyen nöthig; aber nicht alſo, daß wir dadurch gerecht und ſeelig würden. Der Orator fügte hinzu, der Ketzermeiſter ſey in dieſem Stück einer beſſern Meinung, als die Theologen, wie er dann bekenne, er habe aus Philippi locis communibus ſo viel gelernt, daß er Auguſtinum und Ambroſium nun beſſer verſtehe, als vorhin. Beſagter Mann halte auch recht vom Glauben: er glaube demnach, daß man ſich in dieſem Stück vergleichen könne.

IX. Wegen der Gelübde hoffe der König vom Pabſt ſo viel zu erhalten, daß man zwar Knaben in Klöſter aufnehme, ſie zu unterrichten, aber vor dem dreyſſigſten oder vierzigſten Jahr ſie zu keinem Mönchsgelübde zwänge, ſondern ihnen frey laſſe, wenn

wenn es die Noth erfordert, wiederum aus dem
Kloster zu gehen und sich zu verheurathen. Dieses
achtet der König nicht nur der Kirchen, sondern auch
der Polizey nützlich zu seyn, damit man Leute habe,
welche mit Nutzen zu Aemtern können gebraucht
werden. Mithin gefalle dem König nicht, daß man
Klöster zerstöre, sondern daß man die Leute nicht zu
Gelübden nöthige: denn man müsse nemlich zur Einigkeit zu kommen suchen, wie man auch einen
Pferdschweif nicht auf einmal sondern nach und nach
ausraufen könne. Darum müsse man Klöster also einrichten, daß sie künftig gute Schulen seyn,
darinn gelehrte Leute, die die Jugend unterrichten,
und junge Leute, die lernen, gehalten werden.
Uebrigens sey nöthig und nützlich, Maasse zu gebrauchen. Es hoffe aber der König vom Pabst zu erhalten, daß er auch dieser Meinung werde.

X. Sagt der Orator, die franz. Theologen bil-
ligen die Priesterehe nicht; dem König aber gefiel
dieß Mittel, daß man unsre verehlichten Priester in
der Ehe leben liese. Die übrigen, und die, so künftig in den geistlichen Stand treten werden, im ledi-
gen Stand bleiben, oder da sie sich verheuratheten,
von der Priesterschaft und Pfarramt abstünden.
Dann der von den unsern angezogene Spruch
Paphnutii gehöre hieher nicht, wie die Theologen
sprechen, welche sagen, das Concilium rede von denen, welche sich verheurathet, ehe sie Priester wer-

N 4   den,

ben, dann daß sich einige solten verheurathet haben, nachdem sie schon Priester gewesen, findet man nirgends.

XI. Von beiden Gestalten, sagte der Orator, habe der König bey dem Röm. Pabst Clemens fleißig gehandelt, er hoffe auch so viel von diesem Pabst zu erhalten, daß er setze und ordne, daß beide oder eine Gestalt zu empfangen jeglichem nach seinem Gewissen frey stehen solte. So versichre der König ferner, er habe von sehr alten Leuten gehört, daß man vor 120 Jahren in Frankreich auch denen Laien beide Gestalt gereichet, doch vermittelst eines Röhrleins und in einer Capelle, nicht in öffentlicher Kirche, und so empfangen auch heut zu Tage die Könige in Frankreich das Sacrament unter beider Gestalt. Daher der König, als er den Theologen etwas vorgeworfen, habe hören müssen, dem König sey dieß erlaubt, den Laien aber nicht; denn von und an die Könige sey geschrieben: ihr seid das auserwehlte Geschlecht, das königliche Priesterthum. Weiter hat der Orator nach Endigung dieser Artickel da wir gleich weg gehen wolten, folgendes beygefügt: Pabst Clemens habe dem Spanischen Karbinal St. Crucis aufgetragen, die Gebete und Gesänge zu verlassen, der es auch gethan, und statt der gottlosen und ungeschickten Gesänge Psalmen hineingesetzt. Allein die franz. Theologen haben den Karbinal deswegen verdammt. Denn die Sor-

bonni-

bonnischen Theologen massen sich so grosser Herr-
schaft an, daß sie sich nicht scheuen, nicht nur uns
als Ketzer, wie sie reden, sondern Kardinäle und
den Pabst selbst zu verdammen. Es sagte auch der
Orator: den Artickel von der Rechtfertigung, wie
er von den unsern erklärt werde, halte der König
für recht. Ferner da diese Sache groß und heilig
sey, so gehe der König mit einer Vereinigung der
Kirche um. Er, der Orator, habe deswegen auch
einmal mit dem Herzog in Bayern gehandelt, sel-
bigen aber härter befunden, als die Sorbonnisten;
wiewol unlängst dermassen ihre Härte gebrochen,
daß Bonaccursius verheisse, sie werden ietzo eine gelindere Antwort geben.

Julius Pflug versichere auch von seinem Herzog Georg und dem Churfürsten von Maynz ein
besseres. Es würde aber dem König sehr angenehm
seyn, wenn man zwey oder drey Gelehrte der unsern
zu ihm schickte, welche vor ihm von diesen Dingen
ein Gespräch hielten. Denn der König wolte zu
diesem Gespräch sowol die allerhärtesten Sorbonnisten, als die, so es mit uns hielten, beruffen, die
evangelische Wahrheit an den Tag zu bringen.

Im übrigen halte der König dafür, es sollen
sich unsre Fürsten und Stände wegen der Malstatt
des Concilii nicht eher erklären, bevor sie der Könige in Frankreich und England Meinung eingeho-
let, welches bemeldete Könige gleichfalls thun wolten. Zudem sey nicht rathsam, wenn gleich ein

Con-

Concilium allerdings nöthig, daß man es ietzo halte; denn wo man es zu dieser Zeit anstelle, so werde der bessere und reinere Theil von dem grössern überwunden und unterdruckt werden. Es seyen auch vorzeiten die Könige in Frankreich und Navarra ihrer Reiche entsetzt worden, und dieß um keiner andern Ursach willen, als weil sie behauptet, die Concilia solten nicht von dem Röm. Pabst allein, sondern auch von dem Kayser und Königen ausgeschrieben werden. Wie denn auch heut zu Tag der Kayser das Königreich Navarra unter keinem andern Recht in Besitz habe, als weil vorzeiten König Ferdinand in Spanien den König in Navarra daraus vertrieben, als diesen der Pabst dermassen desselben entsetzt.

Summa der König sey dieser Sache sehr geneigt, und gefalle ihm zu dem Concilio ein sicherer Ort, allwo männiglich seine Meinung frey vortragen dürfe. Zudem hielt er für sehr nützlich, wenn die Fürsten und Stände auf diesem Convent ein Schreiben an den König in Frankreich abgehen liesen, und in solchem bäten für die um des Glaubens willen vertriebene, sie wieder einzusetzen, und sie dessen wegen, was sie geglaubet, geredet und gethan, nichts entgelten zu lassen.

Die Antwort auf diesen Vortrag des Gesandten, welche Melanchthon, wie fast alle öffentliche Vorträge und Schreiben ihm aufgetragen worden sind, verfertigte, befindet sich in seinen Consil. lat. P. I.

P. I. p. 214—218 mit der Auffchrift: *Refponfio ad Oratorem Gallicum Guilielmum Bellaium Langaeum, in conuentu Smalcaldiae.* In dem Regifter aber hat fie diefe Auffchrift: *Refponfio ad Oratorem Gallicum in conuentu Smalcaldiae, praefcripta a Phil. Mel. Francifco Burcardo.* Von diefer Antwort will ich blos diefe einzige Stelle auszeichnen: Quoniam diffimilitudo magna eft eorum, qui diffentiunt ab ufitatis opinionibus, orant Illuftriffimi Principes et reliqui foederati, ne potentiffimus Rex morem gerat indoctorum quorundam crudelitati, qui fine difcrimine in bonos et malos faeuiunt, fed parcat iis, qui ueteres abufus recte reprehendunt, et amplectuntur puram euangelii doctrinam, quam et ipfi in conuentu Auguftano confeffi funt. Conftat enim in Ecclefiam irrepfiffe impias opiniones, quae habent opus emendatione, quas tamen indocti et mali mordicus tenent propter auaritiam et ambitionem. Quare cum acerbiffimis odiis perfequantur pios recte fentientes, ftudent eos opprimere, circumuentos falfis criminibus, et uariis artificiis Regum animos incendunt, atque armant aduerfus eos. Cum autem praecipue fummos Reges deceat cura ornandae gloriae Dei, repurgandae Ecclefiae, et prohibendae iniuftae faeuitiae, maxime orant Illuftriffimi Principes, et reliqui foederati, ut Rex potentiffimus annitatur, ut ueris modis Ecclefiae Chrifti confulat, et gloriam Dei ornet, et iniuftam faeuitiam prohibeat. Quod cum faciet, iudicabunt Illuftriffimi

Principes

Principes et reliqui foederati, erga ipſos etiam melius affectum eſſe potentiſſimum Regem, cuius amicitiam praeſidio eſſe ipſis et Eccleſiae optant etc.

Doch alle dieſe Unterhandlungen, eine Religionsvereinigung zu ſtiften, blieben fruchtlos, und da im folgenden Jahr würklich Franz den Kayſer Karl aufs neue bekriegte, ſo wurde dieſer Verſuch völlig aufgegeben, und die Verfolgungen der Evangeliſchen nahmen in den folgenden Jahren immer mehr zu, wovon ich blos aus Melanchthons Briefen noch etwas weniges zum Beſchluß kürzlich melden will.

Ungeachtet aller Verfolgung konnte doch die einmal erkannte Wahrheit in Frankreich nicht mehr ganz untergedruckt werden, und die Anzahl der Evangeliſchen wurde vielmehr immer gröſſer. Vom J. 1539 berichtet Melanchthon (L. II. Epp. p. 185.) den Fürſt Georg von Anhalt: Pariſiis et in caeteris Academiis Gallicis ardentiſſimum ſtudium eſt piae doctrinae. Etſi enim publice profiteri eam homines non audent, tamen ſtudioſi, qui noſtros libros legunt, in ſcholis inde multa proferunt.

Ja, im Jahr 1541 wurde Melanchthon aufs neue nach Frankreich verlangt, aber auch dießmal unterblieb dieſe Reiſe. Blos Camerar im Leben Melanchthons p. m. 196. gibt uns von dieſem zweiten Ruf dieſen kurzen Bericht: Fuiſſe eo tempore cognouimus Ph. Melanchthonis animum iterum inuitatione Gallica tentatum, cumque eo actum, ut

inter-

intermiſſam aliquando profeƈionem tunc ſuſciperet
atque perficeret, ſed negotium iſtud neque tra-
ƈando accurate geſtum eſt, et inter initia ſtatim
euanuit.

Melanchthon befand ſich damals auf dem zu
Regenſpurg gehaltenen Religionsgeſpräch. Hier
kam er ſelbſt bey Kayſer Karl in übeln Verdacht,
weil er mit dem daſelbſt befindlichen franzöſiſchen
Geſandten Umgang gepflogen. Dieſe Ungnade von
ſich abzuwenden, ſchrieb Melanchthon ſelbſt an den
Kayſer, und verſicherte, nichts verfängliches mit
ihm geſprochen zu haben. Tertia querela (ſchreibt
er unter andern) de congreſſu cum Gallico legato
ſi quos mouit, hi me prorſus non norunt. Sum
ſcholaſticus, et alienus ab omnibus aulicis negotiis,
et colo ſcholaſticas amicitias, quae mihi ſunt etiam
cum aliquibus Gallis, propterea quod hoc tempore
maxime floret Gallia doƈrinae ſtudiis. Adierunt
ergo me hic quoque ſtudioſi quidam adoleſcentes.
Cum his loquor de Philoſophia, de eloquentia.
Sunt etiam, qui mecum interdum de doƈrina chri-
ſtiana ſermones miſcent, per hos adoleſcentes ueni
in notitiam Legati Gallici, qui me ſemel tantum in
uia, forte deambulantem cum Gallico adoleſcente
paucis uerbis ſalutauit, adiiciens etiam, ſe optare,
ut concordia Eccleſiae feliciter hic conſtitueretur,
deplorauitque haec diſſidia in Germania. Haec fuit
ſumma orationis. Si quis aliud ſuſpicatur aƈum,
de

de utroque errat. Hanc fimplicem et ueram purgationem fpero Caef. M. V. fatisfacturam effe.

Auf eben diefem Reichstag zu Regenspurg ver-
nahmen die Proteftanten die traurigften Nachrichten von Verfolgungen und Hinrichtungen ihrer
Glaubensgenoffen in Frankreich. Sie wurden dadurch bewogen, ein nachdrückliches Fürbittfchreiben
für diefe unglückliche an König Franz abzufchicken.
Es ift folches zu Regenspurg vom 23 May 1541
datirt, und von Melanchthon aufgefetzt, wovon ich
nur einiges auszeichnen will: de quorundam pri-
uatorum incolumitate, qui partim in uariis regni ue-
ftri locis, praefertim Gratianopoli (Grenoble) et
aliis prouinciae urbibus capti tenentur, partim cum
paruis liberis miferi reliquerunt fuas domos, et in
cauernas fugere coacti funt, propterea quod de
doctrina chriftiana idem fentiunt, quod Ecclefiae
noftrae profitentur, ad R. C. V. fcribendum et pro
illis intercedendum duximus. — Scimus hos, qui
propter piam doctrinam funt in odio, interdum
praegrauari aliis criminibus, ac dici feditiofos. Vi-
dimus autem confeffionem aerumnoforum illorum
oblatam curiae Gratianopolitanae, et purgationem
obiectorum criminum. Quare ragis deprecandum
effe pro eis duximus, quia doctrinae confeffio pia
eft, et haud dubie pura fententia catholicae Ecclefiae Chrifti, quam et nos profitemur. Unterfchrieben ift es alfo: *Principes, Legati, Status et Ordi-*
nes coniuncti Auguftanae Confeffionis iam Ratispo-
nae

nae congregati. S. Melanchthons Epift. L. III.
p. 4. *Ei.* Confil. lat. P. I. p. 476. und Calvins Epp.
edit. in 8. p. 74.

Auch in Lothringen erbuldeten die Evangeli=
fchen harte Drangfale von den Katholicken. Me=
lanchthon gedenket derfelben L. II. Epift, p. 90.
Audi recens factum Lotharingici cuiusdam Domini,
qui egreffos ciues Metenfes aliquot uiros et mulieres in uicinum oppidum ad audiendum concionatorem pium oppreffit, interfecit multos uiros et
mulieres, mulieribus per uim ftupra oblata funt.
Hoc modo polluit pafcha ille tyrannus. In den
Briefen an Camerar p. 425 wird aber dieß berich=
tet: Audi crudele facinus. Lotharingicus quidam
feu Burgundus cum equitatu oppreffit multos Metenfes, uiros et mulieres egreffos ad audiendum
euangelicum concionatorem. Multi interfecti, multi
fufpenfi de arboribus, multi in flumen merfi funt.

Auch diefen zum beften liefen die Proteftanti=
fchen Fürften an den Herzog ein Fürbittfchreiben
vom 7 Nov. 1542 abgehen, das wieder Melanchthon
verfertigte, und im erften Buch feiner Briefe p.
146. im erften Theil feiner Conf. lat. p. 517. und in
Camerars Leben Mel. p. 448. mit der Auffchrift fte=
het: *Pro ciuibus quibusdam Metenfibus euangelii
caufa uerfantibus in periculo, interceffio Proteftan-
tium nomine fcripta a Ph Mel.*

Ohne Anzeige des Jahrs finde ich in den Brie=
fen Melanchthons L. V. p. 423. abermals einer
Dra=

Dragonabe gedacht mit diesen Worten: Litteras
hic ex Gallia miſſas accepi, quae narrant, adeo ex-
aſperari ſaeuitiam, ut in Aquitaniam non paruus ex-
ercitus miſſus ſit ad turbandos eorum conuentus,
qui extra templa ſuas quasdam conciones audiunt.

Da ſich Melanchthon 1557 zu Worms, wo ein
Religionsgeſpräch gehalten wurde, befand, ſo er-
ſchienen einige franzöſiſche Deputirte, die den Proteſtanten ihren kläglichen Zuſtand und die grauſa-
me Verfolgung meldeten, welchen die Evangeliſchen
zu Paris aufs neue ausgeſetzt wären und um Fürbitte baten. Dieſe erhielten ſie auch, und ſie ſiehet
L. I. Epp. Mel. p. 112. Von der nähern Beſchaf-
fenheit dieſes Drucks gibt Eberus die beſte Nachricht in einem Brief, den ich in Camerars Leben
Mel. p. 468 habe abdrucken laſſen, und Salig im
dritten Theile ſeiner Geſchichte der Augſp. Conf.
S. 319 ꝛc.

Druckfehler.

Seite		ſtatt	
37	allem	ſtatt	allen
	einem	—	einen
81	ſeinem	—	ſeinen
87	den	—	dem
88	guten	—	gutem
	ſeinen	—	ſeinem
89	allen	—	allem
	den	—	dem
111	meinen	—	meinem